金剛經・心經

賴永海◆主編
陳秋平◆譯注

目次

金剛經

前言

《金剛經》全稱為「能斷金剛般若波羅蜜經」，是初期大乘佛教的代表性經典之一，也是般若類佛經的綱要書。在中國佛教界，《金剛經》流行得極為普遍，如三論、天臺、賢首、唯識等宗派，都各有注疏。尤其是自唐宋以來盛極一時的禪宗，更與《金剛經》有深厚的淵源。宋代，出家人的考試，有《金剛經》一科，也讓我們從中看出《金剛經》的弘通之盛！

《金剛經》以空慧為主要內容，探討了一切法無我之理，篇幅適中，不過於浩瀚，也不失之簡略，因此歷來弘傳甚廣，特別為惠能以後的禪宗所重視。傳說惠能就因此經中的「應無所住而生其心」一句經文而開悟。

一、經題的含義

「能斷金剛般若波羅蜜經」是本經總題。「經」字是通名，佛所說的佛法都稱為經。「經」字前的九個字，是本經所獨有的，這是別名。「金剛」是比喻。金剛即印度的金剛石，它最光明、最堅硬，也最珍貴。金剛石做的刀子可以裁玻璃，硬度最高。它能破壞一切，而不被一切所破壞。所以它最堅最利，而沒有能破壞它的東西。也有些人解釋金剛為真金久煉而成剛，具有堅固、光明、銳利三義。又有一些古德，不把「金剛」二字作譬喻解釋，而是指金剛心，具足金剛觀智，力用堅強，能破根本無明，得超生死此岸，而到達涅槃彼岸的金剛心。

「般若」又作「波若」、「般羅若」、「缽剌若」，意譯為「慧」、「智慧」、「明」、「黠慧」，即修習八正道、諸波羅蜜等，而顯現之真實智慧。明見一切事物及道理之高深智慧，即稱般若。菩薩為達彼岸，必修六種行，亦即修六波羅蜜。其中因為諸佛皆由般若而成就，因此般若波羅蜜在六度波羅蜜中起關鍵作用，也因此稱般若為諸佛之母，成為其他五波羅蜜之根據，而居於最重要之地位。

「波羅蜜」是梵語，譯為「到彼岸」，也可譯作「度無極」。彼岸者，對此岸說。煩惱是此岸，菩提是彼岸；生死是此岸，涅槃是彼岸；凡夫是此岸，諸佛是彼岸。簡單來說就是眾生通過修行而從煩惱輪迴中解脫，並到達涅槃寂靜的彼岸。到彼岸並不是說已經到了涅槃彼岸，而是說修學而能從此到彼，所以重在從此到彼的行法。

「經」，梵語作「修多羅」。本義是線，線有貫穿、攝持不令散失的作用。如來隨機說法，後由結集者聚集誦出佛陀之遺法，再用線把它編集起來，佛法才能流傳到現在。「經」也譯為「契經」，契者合也，上契諸佛之理，下契眾生之機，具有貫、攝、常、法四義。貫者，貫穿所應知義理；攝者，攝化所應度眾生；常者，三世不能易其說；法者，十界所應遵其軌。

結合以上各名相的分析，「金剛般若波羅蜜經」有兩種不同的解說：一是玄奘等所解釋的，認為煩惱的微細分，到成佛方能斷淨，深細難斷，如金剛的難於破壞一樣。但是般若是能斷的智慧，金剛如所斷的煩惱，所以譯為「能斷金剛（的）般若」。另一種解說是以鳩摩羅什為主，以金剛比喻般若。般若能破壞一切戲論妄執，不為妄執所壞；他的堅、明、利，如金剛一樣。金剛是貴重的寶物，以譬喻實相般若是諸法之尊。它堅固不為一切所壞，來譬喻觀照般若不被一切愛見所侵犯。金剛能裁切玻璃，作用猛利，來譬喻般若能斷眾生種種疑惑。

總而言之，此經經名的全部含義即是以金剛般的無堅不摧、無障不破的般若智慧對治一切虛妄執著，達到對實相的理解，得到解脫，到達彼岸。

二、《金剛經》的譯者

鳩摩羅什三藏法師（三四三—四一三），天竺人，翻譯成漢語是「童壽」的意思。其父親鳩摩羅炎，在即將繼任相位時毅然出家，離開天竺，來到了龜茲國（今新疆庫車），並被聘為國師。但卻被國王的妹妹逼婚，於是，就有了鳩摩羅什和弗沙提婆兩兄弟。羅什七歲時，他母親卻出了家，且還帶著他一起出家，遊歷各地。羅什初學小乘佛學，後來研習《中論》、《百論》、《十二門論》等大乘佛典，使其譽滿西域，名被東土，引起了中國北方政權的注意。

這時，後秦弘始三年（四〇一）姚興攻滅後涼，親迎羅什入長安，迎來了他生命中最輝煌的時期。不過羅什已經五十八歲了。姚興篤信佛教，對羅什非常尊敬，以國師禮待，安排他入住逍遙園西明閣，並組織了規模宏大的譯場，請羅什主持譯經事業，還遴選八百佛門俊彥，一同參與翻譯佛經。隨後的十餘年間，羅什悉心從事講法和譯經事業，奠定了其在中國佛教史上的不朽基業。

羅什的譯作側重於般若類經，特別是龍樹空宗一系的作品，譯有《摩訶般若波羅蜜經》、《小品般若波羅蜜經》、《金剛般若經》等般若類經，《中論》、《百論》、《十二門論》、《大智度論》等中觀派論典，還有《阿彌陀經》、《法華經》、《維摩詰經》等大乘重要經典，《坐禪三昧經》、《禪法要解》、《首楞嚴三昧經》等大乘禪經，《十誦律》、《十誦比丘戒本》、《梵網經》等大小乘戒律，以及其他一些大小乘經典。羅什的譯作，《出三藏記集》載為三十五部、二百九十四卷，《開元釋教錄》列為七十四部、三百八十四卷，實際現存三十九部、三百十三卷。羅什本人的著作不多，據《梁高僧傳》記載，羅什曾作《實相論》、《注維摩經》等，均佚。現存有他給姚興的兩封書信，還有答慧遠之十八問而寫的作品，稱作「鳩摩羅什法師大義」，共三卷。

羅什對中國佛教之影響，從他的譯籍在歷史上受重視的程度就可知，他的譯籍，大部分成為了中國佛教各宗立宗的經典依據。所譯的大品和小品《般若經》、《維摩詰經》、《金剛經》，成為般若學的要典，後來《維摩詰經》和《金剛經》又為禪僧所重，《成實論》為成實宗所宗，《阿彌陀經》、《彌勒成佛經》成為淨土宗的要籍，《中論》、《百論》、《十二門論》為三論宗所依據的論著，《法華經》成為天臺宗最重要的經典，《十住毘婆沙論》也是華嚴宗所重的經論之一，所譯出的其他禪經和戒律類經典也產生了一定的影響。鳩摩羅什全面譯介了根據般若類經而建立的大乘空宗經典，從而推動了般若學的傳播，被譽為四大譯經家之一，素有「譯界之王」的美稱。是中國佛經的播種者，於佛法東傳居功厥偉。

另一方面，其譯經的最大貢獻是準確而又系統地向中國佛教界介紹了印度佛教。在這之前，般若學形成六家七宗，其原因之一是譯經不完備而造成對般若空觀理解的差別。自佛教入傳，漢譯佛經日多，但所譯多滯文格義，不與原本相應，羅什精熟梵文，博覽印度佛教和其他宗教古籍，加之曾在姑藏（今甘肅武威）居住長達十八年，而有機會通曉漢語。加上他具有深湛的佛教造詣，所以，譯文能契合佛教經典的精義。此外，他的翻譯多採用意譯，避免了直譯的生硬，具有漢語的閱讀趣味，文體簡潔曉暢。同時，如果西域本音有譯不正確者，則以天竺語訂正；漢譯如有錯誤者，則另以恰當的語言加以釐定；不能意譯的術語，則大半採取音譯。因此羅什的譯經事業除了奠定了中國翻譯文學的基礎，還開展了中國佛教文化的新境界。

羅什在譯經的同時，注重僧才的培養。參與譯經的弟子中，有所謂「四聖」（即道生、僧肇、道融和僧叡）、「八俊」（四聖之外又加道恆、曇影、慧觀、慧嚴）和「十哲」（八俊之外再加僧契和道標）之稱。這些人在佛教的譯經工作和弘法度眾方面，皆有極大的貢獻。其中又以僧肇和道生的影響最大，分別在般若學和涅槃學方面做出了重大貢獻。羅什在翻譯上的成就，與當時參加譯場的這些弟子分不開，他們既精教理，兼善文辭，執筆承旨，各展所長，故能相得益彰。

弘始十一年（四〇九）八月十九日，羅什自知世緣將盡，向僧眾告別，自言個人才德不足，忝為佛經傳譯，願其所譯經典能流傳後世，發揚光大，並在大眾面前發願，若其所譯經典無誤，願荼毘後舌頭不焦爛。

翌日，鳩摩羅什圓寂於長安，遺體於逍遙園荼毘後，果然舌頭如生，不曾毀損。一代大師，願力難測。羅什圓寂後，僧肇、道融、僧叡仍留在長安繼續弘化，道生等其他弟子則遷移南方，使得鳩摩羅什的大乘佛法得以傳至江南，廣為弘揚。

三、《金剛經》的譯注本

此經最初由姚秦天竺三藏鳩摩羅什於弘始四年（四〇二）所譯。以後相續出現了五個不同的譯本。這五個譯本有：⑴元魏天竺三藏菩提流支所譯的《金剛般若波羅蜜經》；⑵南朝陳天竺三藏真諦所譯的《金剛般若波羅蜜經》；⑶隋大業年中三藏達摩笈多所譯的《金剛能斷般若波羅蜜經》；⑷唐三藏法師玄奘奉詔所譯的《能斷金剛般若波羅蜜多經》，此譯本實為《大般若波羅蜜多經》中的第九會「金剛能斷分」；⑸唐義淨所譯的《佛說能斷金剛般若波羅蜜多經》，此譯本為最後一次重譯，譯於西元七〇二年。另外，還有藏文、滿文譯本。在短短的三百年間，先後有六個漢譯本及其他譯本，這足見此經在中國佛教中的地位及其所受到的重視。

《金剛經》梵文本在中國、日本、巴基斯坦、中亞等地都有發現，中國吐魯番等地還出土了和闐、粟特等文字的譯本。近世又有德、英、法等多種譯本。一八三七年修爾篤根據藏譯本首次把《金剛經》譯成德文，一八八一年馬克斯・穆勒（Friedrich Max Müller, 1823-1900）將漢文、日文和藏文譯本加以校訂，之後於一八九四年譯成英文，並收入於《東方聖書》（*The Sacred Books of the East*）第四十九卷。一九五七年愛德華・康芝（Edward Conze）又再次譯成英文，收入於《羅馬東方叢書》中。達爾杜根據梵文並對照中國滿文譯本，譯為法文。日本宇井伯壽、中村元等曾多次譯成日文。

《金剛經》一問世，在印度就受到了廣泛的重視，歷代高僧對《金剛經》的著述極多。著名的印度佛教僧人、哲學家都曾對它作過注疏。除了世親有《金剛般若波羅蜜經論》三卷，尚有無著的《金剛般若論》二卷，功德施作了《金剛般若波羅蜜經破取著不壞假名論》，印度瑜伽行派的創始人彌勒造八十偈闡釋《金剛經》等等。另有師子月、月宮等亦撰有論釋，但無漢譯。中國從東晉、隋唐、清末民初直至近現代，各家撰述不絕，為它注疏者不下數百家，較重要的有：後秦僧肇《金剛經注》一卷；晉慧遠《金剛般若波羅蜜經疏》一卷；隋吉藏《金剛般若疏》四卷（一作六卷），智顗《金剛般若波羅蜜經疏》一卷；唐慧淨《金剛經注疏》三卷，智儼《金剛經略疏》二卷，窺基《金剛般若波羅蜜經贊述》二卷，惠能《金剛般若波羅蜜經解義》二卷、《金剛經口訣》一卷，宗密《金剛經疏論纂要》二卷；宋子璿《金剛經同刊守記》四卷；清徐槐迁《金剛般若波羅蜜經疏》二卷；近人丁福保

《金剛經箋注》，江味農《金剛經講義》等。

《金剛經》之眾譯本中，以後秦鳩摩羅什譯本流傳最廣，自古至今，有目共睹。這裡所選的也是鳩摩羅什的漢譯本。綜合過去的意見，可歸納出三點原因來說明為何羅什譯本能代代相傳，長盛不衰。

第一是從宗教立場出發，以譯者的身分著手來解釋。傳說鳩摩羅什從七佛以來，就當佛的翻譯法師，佛的經典要流通到不同語言的國土去，鳩摩羅什都為他當翻譯人。因此他的法緣深厚，跟眾生結緣甚多。

第二是從翻譯的境界來說明。首先，持此觀點者認為鳩摩羅什所譯的《金剛經》，千錘百鍊，於佛法精義，拿捏得分毫不差。鳩摩羅什的翻譯能做到古代翻譯所規定的信、達、雅，而且兼而有之，非常難得。

第三則從版本的不同來分析。《金剛經》諸譯本所依版本不同，乃是自古以來的公論，之所以有不同的本子，是因佛法弘布四方，分流分派之所致。鳩摩羅什譯本特別流行，反映了佛法入華的過程中，中國人的文化選擇。中國人與中觀學家所提倡的大乘空宗特別有緣，所以鳩摩羅什所譯的《金剛經》也就受到千年之久的青睞和歡迎。

四、本經的綱要

《金剛經》全文沒有出現一個「空」字，但通篇討論的是空的智慧。一般認為前半部說眾生空，後半部說法空。經文開始，由號稱佛陀十大弟子中「解空第一」的須菩提發問：「當眾生立定志向要達到無上圓滿的佛陀覺智時，應該將發心的目標定在哪裡？如果在實踐過程中心不能安住，應該如何降伏？」即如何使心靈平和地安住在終極關懷，如何在走向終極目標的過程中，對各種錯誤認識和患得患失心理進行克服？《金剛經》就是圍繞佛陀對此問題的解答而展開的。

「一切有為法，如夢幻泡影，如露亦如電，應作如是觀」，就是解答這些問題的精髓。其意思是指世間的一切物質和現象都是空幻不實的，如夢幻泡影，實相者則是非相。因此修行者應該「遠離一切諸相」而「無所住」，即放棄對現實世間的執著或眷戀，以般若慧契證空性。

此經主要通過非此非彼有無雙遣的重重否定，指出世界上的一切事物都是虛幻不實的，要成就無上智覺，就得破除一切執著，掃除一切法相。「凡所有相皆是虛妄」，世上的一切事都如夢、如幻，如水面的氣泡，如鏡中的虛影，如清晨的露珠，日出即散，如雨夜的閃電，瞬息即逝。世上的一切都是因緣和合而成，並無自性，所謂「緣起性空」。因此，我們平時看到的一切事物的形相，實際都不是它們真正的形相，事物真正的形相（實相）是「無相」。這樣，世界上一切都不值得執著，這就叫「無住」。在修行實踐中，能真正認識到無相之實相，能做到於世界萬物都無念無繫的「無住」，就可以得到真正的解脫。

為了使人們真正做到「掃相破執」、「無相無住」，《金剛經》進一步說明，大乘菩薩在自覺覺他的修行過程中，其終極目標定位在和一切眾生共同成就佛果的廣大境界。但是根據緣起論，凡因條件關係而形成的事物，都不存在絕對不變的實體（自性）。因此，要以空觀的智慧，破除在「我」、「眾生」、「佛」之間的人為分別。故要盡己所能廣度眾生，但不要執著於「我」在幫助眾生中具有多大的功德。唯心量大者，才有大格局，方能成就大事業。

《金剛經》說凡所有相，皆是虛妄。實相，是世界的真實，事物的本來面目。唯有以般若觀照實相，即對此名相採取不住、不執、不取的如實態度，才能認識真相。故經中說：「凡所有相，皆是虛妄；若見諸相非相，則見如來。」釋迦牟尼的色身有三十二種端莊的特徵，但是不能依據這三十二相來認識如來，因為三十二相只不過是外在的虛妄之相，如果執著於這三十二相，就不能認識如來的真實面目（法身），因為真正的法身是無相的。

要如何不執著呢？《金剛經》云：「應無所住而生其心。」如上所述，唯有不住相、不偏執，才能把握實相。《金剛經》中以布施為例，討論了如何在日常生活中做到「不住相」。世人在布施時，每施一東西，即作功德想，於是施恩圖報，算計此布施行為將積累多少的功德。但實際上，應以「三輪體空」的精神去布施，也就是要對能布施的我、受布施的人和所布施的財物不產生任何的執著，方能證得離相無住、性空無所得的道理。

雖應不執著於外相，但也不能否定「相」的存在。即是肯定「性空」，也不否定「幻有」。

「空」，是破除一切名相執著所呈現的真實，並非人們所誤解的虛無。「性空」，是說一切法都沒有實在的自性，故無相、無住，才能把握真諦。「幻有」，是憑藉條件關係而暫時存在的現象，故在空的基礎上隨緣生起一切法，這就是俗諦。所謂「肯定一切存在的存在，否定一切存在的自性」即是此意。如何把握真俗二諦的關係，《金剛經》是這樣說的：「佛說般若，即非般若，是名般若。」即佛所說的般若等佛法，是出於廣度眾生的目的而在文字層面的權且施設，並非實相般若本身，眾生藉此文字般若入門，到徹底覺悟佛法時，則一切名相皆可捨棄。

在邁向解脫的過程，《金剛經》強調般若智慧是佛門修行解脫的最高智慧，「一切諸佛及諸佛阿耨多羅三藐三菩提法，皆從此經出」，承諾如果有人能夠虔誠信受此部經，即使奉持其中四句偈等，又能夠為他人宣說，必能「成就第一希有功德」、「果報不可思議」。

法會因由分第一

此經在翻譯成漢語時，並沒有分章分段，後經梁昭明太子分為三十二分，並給每一章標上標題，表明每一章所講的重點。佛經一般可分為三大段，即序分、正宗分、流通分。此段經文是序分，敘述這部經集會之因由（緣起）。序分，又可分兩部分，即通序和別序。通序，是結集者的敘述語，通於其他經典，別的經典也有這樣的意義。通序也表明此經可以確信無疑了，所以又稱為「證信序」。別序，亦名「發起序」，敘述此經有其一定的發起之由，以為正宗之前導。自「如是我聞」至「千二百五十人俱」，為通序；自「爾時」至「敷座而坐」，為別序。總而言之，此部分經文主要說明了此經的緣起，表明佛說法的時間、地點及說法的因緣等。

如是我聞❶：

一時，佛在舍衛國祇樹給孤獨園❷，與大比丘眾千二百五十人俱❸。爾時，世尊食時著衣持鉢❹，入舍衛大城乞食❺。於其城中次第乞已❻，還至本處。飯食訖，收衣鉢，洗足已，敷座而坐❼。

【譯文】

我曾經聽佛這樣說：

當時，佛住在舍衛國的祇樹給孤獨園裡，與一千二百五十位大比丘在一起。有一天上午，臨吃飯之時，世尊穿上袈裟，拿著飯鉢，緩步走進舍衛城去乞食。佛在舍衛城中慈悲平等，不分貧富、貴賤，挨家挨戶地托鉢、乞食後，便返回給孤獨園中。吃過了飯，將袈裟和鉢具收拾好，洗淨了雙足，鋪好座位後，便跏趺而坐。

【注釋】

❶如是我聞：又作「我聞如是」、「聞如是」等。為經典之開頭語，是佛經五種證信之一。釋尊在《涅槃經》中曾對「多聞第一」的阿難尊者說，其一生所說之經藏，須於卷首加上「如是我聞」一語，以表示此下所誦的內容乃直接從佛陀處所親聞。「如是」指經中所述之內容，即經中所說

之佛語；「我聞」指經藏編集者阿難自言聽聞於釋尊之言行。又「如是」意為信順自己所聞之法；「我聞」則為堅持其信之人。佛教以「信」為第一，信佛法則能入佛教，理解佛法，得受佛法之功德利益；以信則言如是，不信則言不如是，所以先使眾生信受經言，因而於經首置如是語。《大智度論》卷二認為佛教徒應依止經典中的法，法並非僅指佛所說者，除佛陀所說者外，也有由佛弟子、仙人、諸天及化人等所說的法。為令信順此等為正法，並使佛滅度後，法永遠不失，永遠正確地傳於後世，故釋尊對阿難言，須於經典卷首加上「如是我聞」一語。

❷佛：梵語Buddha之音譯，「佛陀」之略，又作「佛馱」、「休屠」、「浮陀」、「浮屠」、「浮圖」、「浮頭」、「沒馱」、「勃陀」、「馞陀」、「步他」等。意譯「覺者」、「知者」、「覺」，即覺悟真理者之意。亦即具足自覺、覺他、覺行圓滿，如實對於宇宙事理無所不知覺，成就無上正等正覺之大聖者，乃佛教修行之最高果位。「佛」一般用作對佛教創始人釋迦牟尼的尊稱（釋迦牟尼佛有如來、應供、正遍知、明行足、善逝、世間解、無上士、調御大夫、天人師、佛世尊十大名號）。大乘佛教興起後，「佛」還泛指一切覺行圓滿者和一切佛法真諦的化身，宣稱過去世有七佛、燃燈佛等，未來將出現彌勒佛。從佛身說，有報身佛、法身佛、應身佛。此處所指的佛是釋迦牟尼佛。舍衛國：譯為「聞者」、「聞物」、「豐德」、「好道」、「無物不有」、「多有」等。為中印度古王國名，其國本名為「憍薩羅國」，為別於南方之憍薩羅國，故以城名為國號。因此城多出名人，多產勝物，故稱「聞物國」。又有別名叫「舍婆

提城」、「尸羅跋提」、「舍羅婆悉帝夜城」等。據英國考古學家康林罕（A. Cunningham）推定，此國即現在的拉波提河（Rapti）左岸之塞赫特馬赫特（Sahet-Mahet），接近於尼泊爾之奧都（Oudh）北方約九十餘公里處。近年在該處發掘銘刻有「舍衛」字樣之巨大佛像、《大唐西域記》卷六所說周長約五公里之城壁，及記述布施祇園精舍田地之銅板等，都一一地證明了此處即舍衛國故址。釋迦牟尼成佛後，居留此處說法二十五年，較住於其他諸國長久。祇樹給孤獨園：又稱「祇園精舍」或「給孤獨園」，為佛陀說法遺跡中最著名者。據說舍衛城須達長者，好行布施，人譽為「給孤獨長者」。皈依佛陀後，希望佛來舍衛城度其國人，因而欲覓一地作為釋迦牟尼在舍衛國說法、駐留的場所。傳說祇陀太子之花園頗為合適作為精舍，乃欲購之，然為太子所拒。祇陀太子為令長者卻步，遂以黃金鋪滿花園為出售之條件，給孤獨長者即以黃金鋪地買下園林。太子感動於其誠心，遂將園中所有林木也捐獻給佛陀。因二人共同成就此一功德，故稱「祇樹給孤獨園」。

❸ 比丘：又名「苾芻」、「備芻」、「比呼」等。指男子出家進入佛教教團，滿二十歲以上且受具足戒的修行僧，女子出家受具足戒者稱為「比丘尼」。乃「五眾」之一，「七眾」之一。比丘原語是從「求乞」一詞而來，也可以解釋為破煩惱者之意。《大智度論》卷三列比丘語義為乞士、破煩惱、出家人、淨持戒及怖魔等五義。其中，破惡（破煩惱）、怖魔、乞士，稱為「比丘三義」，與「阿羅漢」一詞語義中之殺賊、應供、無生等三義，合稱為「因果六義」（比丘為因，

阿羅漢為果）。在印度，比丘或沙門的生活形態必須遵守一定的戒律，護持「三衣一缽」，乞食自活，住於阿蘭若處，少欲知足，離諸世俗煩惱，精進修道，以期證得涅槃。千二百五十人：指一千二百五十位先事外道，後承佛之化導，而證得聖果者。因感恩於佛陀的度化，遂發願每次法會都常隨不離，協助佛陀弘法利生，成為佛陀的「常隨眾」。根據《過去現在因果經》，這千二百五十人指耶舍長者子師徒五十人、優樓頻螺迦葉師徒五百人、那提迦葉師徒二百五十人、伽耶迦葉師徒二百五十人、舍利弗師徒一百人、目犍連師徒一百人，共一千二百五十人。

❹世尊：因佛是世人所共尊的人，因此稱佛為「世尊」，音譯為「薄伽梵」或「婆伽梵」。意譯作「世尊」之外，亦直譯作「有德」、「有名聲」等。即富有眾德、眾佑、威德、名聲、尊貴者之意，亦指世界中之最尊者。在古印度，一般用為對尊貴者之敬稱，並不限用於佛教；若於佛教，則特為釋迦牟尼佛之尊稱，屬於佛的十大尊號之一。缽：梵語「缽多羅」的簡稱，為「比丘六物」之一。缽是比丘的盛飯器，以泥或鐵製成，圓形、稍扁、底平、口略小。譯作「應器」，或「應量器」。「應」有三應，一色相應，缽要灰黑色，令不起愛染心；二體相應，缽體粗質，使人不起貪意；三大小相應，不過量也，乞食不過七家，令人不恣口腹。

❺乞食：「十二頭陀行」之一。乃印度僧人為資養色身而乞食於人的一種行儀，是一種清淨的正命。又作「團墮」（即取置食物於缽中之義）、「分衛」、「托缽」、「行乞」等。其原始意義有二，即《大乘義章》卷十五所云：「專行乞食。所為有二：一者為自，省事修道。二者為

他，福利世人。」自利是為杜絕俗事，方便修道；利他則為福利世人，予眾生種福機會。

❻次第乞：也是「十二頭陀行」之一。即指佛心平等，不擇貧富，不揀淨穢，不受別請，挨戶依序托鉢而乞食。修行者借助這樣的行為，可培養平等心，以消除煩惱。

❼敷座：鋪座跏趺而坐，安住於正念中。所謂坐如鐘、行如風、臥如弓、立如松，是佛教行、住、坐、臥「四威儀」之一。修行者平常生活中身體端直是很重要的，因為正確的坐姿不至於使人容易散亂、疲勞和昏沉。佛教對坐的方式、作用有詳細的規定，「結跏趺坐」即是其中一例。

善現啟請分第二

此下為正宗分，直至後偈「應作如是觀」為止，是開始這部經的大意。首先是「啟請」部分，作為此經當機者的須菩提長老以語言啟白世尊，請求說法。須菩提先是恭敬、讚揚世尊之德，之後便向佛請教兩個問題，即應當心住於何處或應當怎樣安心，及如何降伏妄心，以免損害其菩提心。佛聽了須菩提的提問後，讚許須菩提的請示，並準備回答長老的提問。從經文結構而言，我們稱此部分為「許說」。

時，長老須菩提在大眾中❶，即從座起，偏袒右肩❷，右膝著地❸，合掌恭敬而白佛言❹：「希有❺，世尊！如來善護念諸菩薩❻，善付囑諸菩薩。世尊，善男子、善女人❼，發阿耨多羅三藐三菩提心❽，云何應住❾？云何降伏其心❿？」

佛言：「善哉！善哉！須菩提，如汝所說，如來善護念諸菩薩，善付囑諸菩薩。汝今諦聽，當為汝說。善男子、善女人發阿耨多羅三藐三菩提心，應如是住，如是降伏其心。」

「唯然，世尊。願樂欲聞。」

【譯文】

這時，眾僧中德高年長的須菩提長老，從自己的座位上站了起來，他斜披袈裟，偏袒著右肩，以右膝跪在地上，雙手合十，虔誠恭敬地向佛行禮並對佛說道：「世間希有難得的世尊！佛善於護持眷念諸菩薩，善於付囑指導諸菩薩。世尊，倘若有善男子和善女人，發願成就無上正等正覺的菩提心，那麼他們應如何使這個菩提心常住不退呢？如果他們起了妄念的時候，又要怎樣去降伏他的妄心呢？」

佛陀嘉許說：「很好！很好！須菩提，正如你所說的那樣，佛善於護持眷念諸菩薩，善於付囑指導諸菩薩。你們現在認真地細心靜聽，我將為你們宣說。善男子、善女人，發願成就無上正等正覺的菩提心，就應該如此這般地保住菩提心，就應該要這樣去降伏妄念心。」

須菩提回答說：「好的，佛陀。我們都樂意歡喜地聆聽您的教誨。」

【注釋】

❶長老：又稱「上座」、「上首」、「首座」、「耆年」、「耆宿」、「耆舊」、「老宿」、「長宿」、「住位」等。是對年齒長、法臘高，且有智能威德的大比丘之尊稱。《長阿含．眾集經》列舉三種長老：一是年耆長老，指入佛道經年之僧；二是法長老，指精通教法之高僧；三是作長老，為世俗假名之長老。禪家稱住持之僧為「長老」。須菩提：又稱「蘇補底」、「須扶提」、「須浮帝」、「藪浮帝修」、「浮帝」、「須楓」等。意譯為「善業」、「善吉」、「善現」、「善實」、「善見」、「空生」等。原來是古印度舍衛國鳩羅長者之子，為佛十大弟子中之最善解空理者，所以有「解空第一」的稱號。也是大乘諸部般若經（如此經）中，佛陀在解說空義時的當機者。

❷偏袒右肩：又作「偏露右肩」、「偏袒一肩」、「偏露一膊」等，略稱「偏袒」。為「通肩」一詞之相對語。即披著袈裟時袒露右肩，覆蓋左肩。在古印度，請法時「偏袒右肩」是最尊重的禮節，佛教沿用之，即於比丘拜見佛陀或問訊師僧時及從事拂床、灑掃等工作，須偏袒右肩，所以偏袒右肩即意謂便於服勞、聽令使役，也是表示比丘恭敬尊者的樣貌。

❸右膝著地：是印度的俗禮。右是正道，左為邪道，袒右跪右，以表示順於正道，也顯示勸請正法，去邪從實，應依謙卑之禮。另一方面，膝也象徵般若智，地則象徵實相；右膝著地，正表示般若與實相互相應合。

❹合掌：又名「合十」。乃印度自古所行之禮法，佛教沿用之。印度人認為右手為神聖之手，左手為不淨之手，故有分別使用兩手之習慣；然若兩手合而為一，則為人類神聖面與不淨面之合一，故借合掌來表現人類最真實之面目。合掌即合併兩掌置於胸前，集中心思，因而也表示吾心專一之敬禮法及歸向中道。雙掌合一，也可解釋為表示方便權巧與實相究竟是一而不二，大小乘皆可融通。又十指表十法界；合十，表示結合十法界存於一心之中，也即是表示事理一如，權實圓融。

❺希有：謂事之甚少者、無相類者。尤指如來之示現及其一代教法，故有「希有大法王」、「希法」之稱。若能了知諸佛妙法，生尊重不思議心者，亦稱為「希有人」。佛陀有四種「希有」，即：一、時希有，表示佛陀之出世，非曠世所常有；二、處希有，佛陀不出現於三千世界中的他處，唯降生於迦毘羅衛城；三、德希有，佛陀具有無量的福德智慧，所以是最尊貴的，無人能比；四、事希有，佛陀一生都以佛法普利眾生，為希有殊勝之事。

❻如來：佛十種尊號之一。音譯作「多陀阿伽陀」、「多他阿伽度」、「多陀阿伽度」、「怛薩阿竭」、「怛他誐多」、「多阿竭」等。即是真如，乘真如之道而成正覺之故，所以名為「如來」。又，乘真如之道來三界垂化之故，謂之「如來」。又，如諸佛而來，故名「如來」。又，「如來」之稱呼，亦為諸佛之通號。護念：謂諸佛、菩薩、諸天善神等對於修善眾生或佛弟子加以護持攝受，使之不致遭受障礙。又佛菩薩經常如影隨形地護念行者，使惡魔等無法障害，故稱

「影護護念」。又為眾生證明教法之確實，使其生信而脫離苦患，受無窮利益，此稱「證誠護念」。在此，可以把護念解釋為攝受，對於久學的菩薩，佛能善巧的攝受他，使他契入甚深的佛道，得如來護念的究竟利益。菩薩：音譯「菩提薩埵」，又作「菩提索多」、「冒地薩怛縛」、「扶薩」等。舊譯為「大道心眾生」、「道眾生」等，新譯為「大覺有情」、「覺有情」等。指唯有大覺悟的眾生能發無量大願，上求無上菩提，下而利益眾生；修諸波羅蜜行，將來要入佛果位。與聲聞、緣覺並稱為「三乘」。

❼ 善男子、善女人：指良家之男子、女子。經典中對在家的信男、信女，每用善男子、善女人的稱呼。善者，是對信佛、聞法、行善業者之美稱。窺基《阿彌陀經通贊疏》認為善男子、善女人是梵語優婆塞、優婆夷之譯，指持五戒之男子、女人。此外，大乘經典中，呼菩薩時，多稱「善男子」，呼比丘時，多呼其名。然有時亦以「善男子」稱呼比丘。

❽ 發阿耨多羅三藐三菩提心：「阿耨多羅三藐三菩提」，是梵語之音譯，意指完成之人，故一般譯為「無上正等正覺」、「無上正等覺」、「無上正遍知」等。「阿耨多羅」意譯為「無上」，表示佛陀所證悟的道是圓滿無上的；「三藐三菩提」意譯為「正遍知」，表明周遍證知最究竟之真理，而且平等開示一切眾生，令其達到涅槃。發阿耨多羅三藐三菩提心，即發起宏大深遠的誓願，以崇高、偉大、無上、究竟的佛果為目標。

❾ 云何應住：當住於何處或應當怎樣安住。住，即不違法性的住於正。凡發大菩提心者，在動靜、

語默、來去、出入、待人接物一切中，如何能使菩提心不生變悔，不墮於凡外，常安住於菩提心而不動？所以問「云何應住」。

❿云何降伏其心：降伏離於邪，也就是以威力降伏妄心，云何降伏其心，即怎樣止滅妄心、雜念。眾生心中，有種種的顛倒戲論，有各式各樣的妄想雜念，這不但障礙修行，也是菩提心不易安住的大病。要把顛倒戲論一一消除，所以問「云何降伏其心」。

大乘正宗分第三

此段簡單地示說了如何降心離相，把須菩提所問的「云何應住」、「云何降伏其心」這兩件事，再細說明。佛陀回答須菩提的問題，指出最重要的就是要發「四心」：一、廣大心的平等觀，不揀擇優劣親疏，滅度一切眾生之類，令其降伏凡聖九流的分別心；二、最勝心，使眾生皆斷除煩惱，了生脫死，而入無餘涅槃。但滅度眾生的菩薩大悲心行，必須與般若無相相應，要這樣降伏其心，安住其心。發悲願為本的菩提心，才能成就名副其實的菩薩；三、無對待心，視一切眾生平等無差別，因為眾生本就是「性空」的；四、無顛倒心，菩薩心無四相，即沒有我、人、眾生、壽者四相之分別計較。又菩薩若能用般若妙智，照了性空本無四相，名降伏其心，否則非菩薩。

佛告須菩提：「諸菩薩摩訶薩應如是降伏其心❶：所有一切眾生之類，若卵生，若胎生，若濕生，若化生❷；若有色，若無色❸；若有想❹，若無想❺，若非有想非無想❻，我皆令入無餘涅槃而滅度之❼。如是滅度無量無數無邊眾生，實無眾生得滅度者。何以故？須菩提，若菩薩有我相、人相、眾生相、壽者相❽，即非菩薩。」

【譯文】

佛告訴須菩提說：「諸大菩薩應該要這樣修持降伏迷妄的心：無論是依卵殼而出世的眾生，還是由母胎而出生的眾生；無論是因潮濕而出生的眾生，還是無所依託而僅借其業力得以出現的眾生；又無論是欲界與色界中有物質形體的眾生，還是無色界中沒有物質形體的眾生；無論是有心識活動的眾生，還是一切沒有心識活動的眾生，以及說不上有無心識活動的各類眾生，我都要使他們達到脫離生死輪迴的涅槃境界，斷盡他們的煩惱、永絕諸苦，讓他們獲得最終的解脫。但是，雖然這樣度化了無數的眾生，實際上卻沒有任何一個眾生得到救度斷除了煩惱。為什麼這麼說呢？須菩提，如果菩薩在心中還存有自我的相狀、他人的相狀、眾生的相狀、壽命的相狀，那他就不成其為菩薩了。」

【注釋】

❶摩訶薩：即「摩訶薩埵」之略，乃「菩薩」或「大士」之通稱。摩訶，意譯作「大」；薩埵，乃有情、眾生之義。摩訶薩埵即為「大心」，或大有情、大眾生，指發大心願成就佛果的眾生，亦

即大菩薩。「大」有三種：願大、行大、度眾生大，即謂此大眾生於世間諸眾生中為最上，不退其大心，故稱「摩訶薩埵」。摩訶薩埵具備了七個條件：一、具大根，二、有大智，三、信大法，四、解大理，五、修大行，六、經大時，七、證大果。

❷ 卵生、胎生、濕生、化生：即四生，指產生三界六道有情的四種類別。卵生是離開母體時，還不是完成的身形，僅是一個卵。須經一番保護孵化，才能脫殼而出，如鳥類；胎生，又作腹生。其最初的自體，必須保存在母胎中，等到身形完成，才能離母體而出生，如人類；濕生，又作「因緣生」、「寒熱合生」。即由糞聚、注道、腐肉、叢草等潤濕地之濕氣所產生者，如蚊及水中極細蟲等；化生是說這類有情，不須要父母外緣，憑自己的生存意欲與業力，就會忽然產生出來，如諸天和地獄的眾生。

❸ 有色、無色：從眾生自體的物質說，有兩類：即有色的，如欲界與色界的眾生，是有物質形體的眾生，包括欲界六道眾生及色界四禪天；無色的，是無色界眾生。是沒有男女之欲與物質形體，但仍存有識心，如無色界的四空天。

❹ 有想：從眾生的有沒有情識說，有「有想」、「無想」與「非有想非無想」三種眾生。有想，指具有感覺、認識、意志、思考等意識作用；或指具有此等作用之有情眾生。有想，又指有想天，是有想眾生居住的地方。在一切的天中，除了色界無想天與無色界非想非非想天之外，其他都是有想天。

❺無想：指全無想念之狀態。或指入滅盡定，證得無想果者。或為「無想天」之略稱。無想天在色界，生此天者，念想滅盡，僅存色身及不相應行蘊，故稱「無想天」。

❻非有想非無想：指住在無色界非想非非想處的眾生。即沒有下界眾生粗想的煩惱，所以是非有想或非想，但還有細想的煩惱，故又名「非無想」或「非非想」。

❼無餘涅槃：涅槃，又譯作「泥日」、「泥洹」、「涅槃那」等，意譯為「滅」、「滅度」、「寂滅」、「安樂」、「無為」、「不生」、「解脫」、「圓寂」。涅槃的字義，有消散的意思，即苦痛的消除而得自在。也就是滅生死之因果，渡生死之瀑流，達到智悟的菩提境界。「無餘涅槃」為「有餘涅槃」之對稱，一個修行者證得阿羅漢果，這時業報之因已盡不受後有，但還有業報身心的存在，故稱「有餘涅槃」；及至連酬報過去世業因的身心皆已灰滅，而完全無所依處，便達至「無餘涅槃」。

❽我相、人相、眾生相、壽者相：「相」即形相或狀態之意，指諸法的形像狀態，表現在外而想像於心的形相。在佛典中，曾以「相」來描述諸法的各類相狀、發展過程，乃至於真如的功德等等。「我相」意指我的相狀，凡夫誤認為外在的我為實相而執著之。「人相」謂眾生妄計在六道輪迴的自體為真實存在的外在相狀。「眾生相」謂眾生把依五蘊和合而生的自體當成真實存在的外在相狀。「壽者相」謂執著眾生的從生到死，有一期的生命相續，可以傳之長久。這四相實際上都是由一個「我相」所開展出來，所以，佛教特別注重破除「我執」。

妙行無住分第四

本分通過布施統攝利他的「六度行」來說明住心的方法。本經發菩提心，以大悲度眾生為首，這與通過布施使他人離苦得樂，尤為吻合。菩薩行布施（六度）利他時，心應無所住而行布施。這即是說：不要住於「六塵」而行布施。有住即是住相，就是一種取著自性的執見，對諸法會產生虛妄分別，為境所轉而不能自在解脫；若不住相，就不為「六塵」所動；不為「六塵」所動，則是心能達至清淨。總而言之，若能離相而了達三輪體空，內不住能施我相，外不住受施人相，中間不住所施財法等相，那麼菩薩雖專為求福而布施，而福德就好似十方虛空似的不可思量。

「復次，須菩提，菩薩於法應無所住❶，行於布施❷。所謂不住色布施，不住聲、香、味、觸、法布施❸。須菩提，菩薩應如是布施，不住於相。何以故？若菩薩不住相布施，其福德不可思量❹。須菩提。於意云何？東方虛空可思量不❺？」

「不也，世尊。」

「須菩提，南、西、北方、四維、上下虛空可思量不❻？」

「不也，世尊。」

「須菩提，菩薩無住相布施福德，亦復如是不可思量。須菩提，菩薩但應如所教住。」

【譯文】

佛繼續說道：「再者，須菩提，菩薩對於萬法，都應該無所執著，以不執著的心態來施行布施。即不應執著於形色而布施，亦不應執著於聲音、香氣、味道、觸覺、意識而行布施。須菩提，菩薩就應該這樣去布施，即不執著於諸相而修行布施。這是什麼緣故呢？因為菩薩如果能這樣不執著於諸相而布施，那麼因布施而獲得的福德就不可思議和無法估量。須菩提，你意下如何？東方的虛空可以想像和度量嗎？」

須菩提回答：「不可度量的，佛陀。」

佛又問：「須菩提，那麼南方、西方、北方、東南、西南、東北、西北及上下方的虛空，可以想像和度量嗎？」

須菩提回答：「不可度量的，佛陀。」

佛說：「須菩提，菩薩不執著於諸相布施而進行布施的福德，也和十方虛空一樣不可想像和度量。須菩提，菩薩就應該是這樣不執著於諸相，自然能令妄心不起，真正安住於清淨的菩提本心。」

【注釋】

❶法：音譯為「達磨」、「達摩」、「馱摩」、「曇摩」、「曇無」、「曇」等。一切的事物，不論大的小的，有形的或是無形的，都叫做「法」，不過有形的叫做「色法」，無形的叫做「心法」。應無所住：意即不論處於何境，此心皆能無所執著，而自然生起。心若有所執著，猶如生根不動，則無法有效掌握一切。

❷布施：音譯為「檀那」、「柁那」、「檀」等，又稱「施」。即以慈悲心而施福利予人之義，使他離苦得樂。「布施」有三種：一是財施，即以財物去救濟疾病貧苦的人；二是法施，即以正法去勸人修善斷惡；三是無畏施，即不顧慮自己的安危去令眾生離諸怖畏。其中又以「法布施」為最，所以云：「諸供養中，法布施最。」

❸色、聲、香、味、觸、法：即「六塵」，指色塵、聲塵、香塵、味塵、觸塵、法塵，又名「六處」、「六境」、「六賊」。色，指物質現象，為眼根所對、眼識所緣的境；聲，一切聲、音、樂，為耳根的認識對象；香，一切物品乃至男女身體所有之氣息，為鼻根所感覺的對象；味，飲

食饌肴美味和辛辣等味，為舌根所感覺的對象；觸，冷暖寒熱及硬軟細滑等感覺，為身根的認識對象；法，即是識心所想及的心法，為意根所能意識的對象。

❹福德：指過去世及現在世所行的一切善行，及由於一切善行所得之福報。

❺虛空：虛無形質，空無障礙，故名。指一切諸法存在之場所、空間。有周遍、不動、無盡、永恆等四義。

❻四維：即「四隅」，指東南、西南、東北、西北四個方向。一般是以四維加四方，稱為「八方」；若再加上、下二方，則合稱為「十方」。

如理實見分第五

本分的主旨是破妄相。世間的一切造作遷流變化的種種相，都是因緣生法，因緣會遇便產生種種相，因緣離散種種相便滅，如幻如化，虛妄不實。佛陀探討佛陀外現的「三十二相」、「八十隨形好」，巍巍的丈六金身，就是如來的實相嗎？須菩提領略這句話的深意，因此回答曰：「不可以身相（色身）得見如來」。佛的身相，只不過是假名和合的妄相，所以，佛說的身相，即「四大」、「五蘊」和合相續之假相，即非有身相的實性。唯有從觀察諸法的隨緣生滅，從無常為門而悟入諸法無性空，才能徹見如來法身。其實不但佛相如此，世間一切的所有相，皆是假合變幻。離相即無所謂性，離性即無所謂相；如果對相有了執著，便產生種種的障礙。若見諸相，如能識「凡所有相」皆是虛而不實，妄而非真，必無執相迷真之失。證法，即「見法」，「見法即見佛」。佛之所以為佛，即在究竟圓覺緣起空寂的中道；離此正覺，更沒有什麼奇特！如能悟徹緣起法相的空寂，便能領悟「見緣起即見法，見法即見佛」的真義。

「須菩提，於意云何？可以身相見如來不❶？」

「不也，世尊。不可以身相得見如來。何以故？如來所說身相即非身相。」

佛告須菩提：「凡所有相皆是虛妄。若見諸相非相，即見如來。」

【譯文】

佛問：「須菩提，你意下如何？可以依如來具足相好的身體相貌來認識如來的真實本性嗎？」

須菩提回答：「不可以，世尊。不可以依如來具足相好的身體相貌來認識如來的真實本性。為什麼呢？因為如來所具足相好的身體相貌，並非是真實存在的身相。」

佛陀告訴須菩提：「一切諸相都是虛妄不實的。若能悟得諸相皆虛妄不實，就能證見如來了。」

【注釋】

❶身相：身之相貌，此指佛的特殊妙好之相。

正信希有分第六

前幾段經文說明了「甚深極甚深，難通達極難通達」的離一切相的現見法性，這種甚深妙法自然不易令人生起實信。所以，須菩提才會啟問如來：未來世中，眾生是否能在聽聞甚深的法門後生起真實信心？佛陀因此接著說出這段「正信希有」的經文。實信，在聲聞法中，即證須陀洹，得四不壞信──「四證淨」；大乘在見道淨心地。這是般若相應的證信，非泛泛的信仰可比。後世眾生也能有此正信，只不過必須要有「戒足」、「慧目」；如不持戒、不修福、不習禪慧，即不能於這甚深法門，得如實信了！信為功德母，諸佛菩薩，起初修道至證道，皆從一個「信」字入手也。眾生有此一念信根，即種了未來的善果，故此一念信心，其福德即不可思量。實信者，是必須由智慧了達無所得法，修無所得行，證無所得果，然後才圓滿了徹第一諦，所以是稀有難得的。要了悟第一諦，就不應取法，也不應取非法。佛陀用了舟筏來作比喻，說明渡河須用筏，到岸不須船，表達捨法破法執之意。這與禪錄所云，「汝無拄杖子，我給你拄杖子；你有了拄杖子，我奪卻你的拄杖子」，是同一義的。

須菩提白佛言：「世尊，頗有眾生得聞如是言說章句，生實信不❶？」

佛告須菩提：「莫作是說。如來滅後，後五百歲❷，有持戒修福者，於此章句能生信心，以此為實。當知是人不於一佛、二佛、三、四、五佛而種善根❸，已於無量千萬佛所種諸善根。聞是章句乃至一念生淨信者❹。須菩提，如來悉知悉見，是諸眾生得如是無量福德。何以故？是諸眾生無復我相、人相、眾生相、壽者相，無法相亦無非法相❺。何以故？是諸眾生，若心取相，則為著我、人、眾生、壽者；若取法相，即著我、人、眾生、壽者。何以故？若取非法相，即著我、人、眾生、壽者，是故不應取法，不應取非法。以是義故，如來常說汝等比丘知我說法如筏喻者❻。法尚應捨，何況非法。」

【譯文】

須菩提向佛陀問道：「世尊，後世的芸芸眾生聽聞您今日所宣說的微妙內容，能不能因此而生起真實的信心？」

佛陀回答須菩提說：「你不必有這樣的疑慮。在我滅度後的第五個五百年，會有持守戒律、廣修福德的人，能從這些經義中產生真實信心，以此經義為真實所依。應當知道這些人不只曾經於一佛、二佛、三佛、四佛、五佛處種下了眾善根前緣，而是已於無量千萬佛處積集深厚的善根。因此，聽到了這些微妙經義，便會在一念之間產生清淨的信心。須菩提，如來完全確知確信，這些善根眾生將會得到無可估量的福報和功德。為什麼這麼說呢？是因為這些善根眾生，不再妄執有自我的相狀、他人的相狀、眾生的相狀、壽命的相狀，也不再有法相和非法相的分別執著了。這是什麼緣故呢？如果眾生心念中執取於相狀，也就執著於自我的相狀、他人的相狀、眾生的相狀、壽命的相狀；若眾生執著種種法相，亦會有自我的相狀、他人的相狀、眾生的相狀、壽命的相狀的執著。什麼原故呢？如果眾生心念中執著於無法相，那也會執著於自我的相狀、他人的相狀、眾生的相狀、壽命的相狀，所以既不應執著任何法相，也不應執著於非法相。正因為如此，如來才經常告誡你們這些比丘，我所說的法，就像船筏之譬喻一樣。佛法尚且應該捨去，何況那些與佛法相違背的非法。」

【注釋】

❶ 實信：是與智慧相應的證信，非泛泛的信仰。信必須具備信實、信德、信能三條件。

❷ 後五百歲：《大集經》說有五個五百歲，此「後五百歲」，即指第五個五百年。第一與第二個五百年合起來是一千年的「正法時期」；第三與第四個五百年合起來是一千年的「像法時期」；

第五個五百年又叫「末法初期」，末法將歷時一萬年。

❸ 善根：即善之根本，又稱「善本」、「德本」。指能生出善法的根本。無貪、無瞋、無癡三者為善根之體，合稱為「三善根」。貪、瞋、癡三者則為三不善根，或稱「三毒」。又善法為得善果之根本，所以稱為「善根」。

❹ 淨信：清淨之信心。

❺ 法相、非法相：法相，指諸法所具本質之相狀（體相），或指其意義內容（義相）；非法相，即一切存在現象絕對斷滅的相狀。法相通常指執「五蘊」、「十二處」、「十八界」等諸法為實有，是一種「有病」，無法相，即離諸法的自性執而得法空。非法相指執著諸法皆空，是一種「空病」，無非法相，即離我法二空的空相執而得空。此處之「法相」則有所專指，是指執著般若波羅蜜法為實有不變的有為法，也是屬於一種「有病」；「非法相」則專指外道執著諸法皆無、涅槃亦無的「斷滅空見」。

❻ 筏喻：出自於《中阿含・大品阿梨吒經》，經中佛為阿梨吒比丘說筏喻。筏是竹筏，交通不便或水淺的地方，竹筏可用作交通工具。利用竹筏，即能由此岸到彼岸。到了彼岸，竹筏當然捨去了，誰還把它帶著走！以此比喻佛之教法如筏，既至涅槃彼岸，正法亦當捨棄。所以經中云：「法尚應捨，何況非法。」

無得無說分第七

此分主要是要破除我們對佛相、法相的執著而說「無得無說」。如來借用「如來已證得了無上正等正覺嗎」和「如來真的說過什麼法嗎」兩個問題來詳解並破解凡夫以為物可得、法可說的執著。佛所說的及所證的法，是沒有定性可以取著的或可說的。凡是心有所取，口有所說，一切都是自性空的，所以名為「非法」；一切法非法的無為空寂，也還是不可取不可說，所以又說「非非法」。因此說「無得」，以破事、理二障；講「無說」，以破語言文字之障。有智慧者，即言語離言語，即名相離名相，知得即無得，知說即無說，可謂悟中道第一義諦。一切聖賢都是因證離一切言說，平等一味的無為法而悟道，但是所修雖同而所悟不同，所以雖同依此修證，但淺深不等，才會顯現差別。總而言之，無為法離一切戲論，在證覺中都無可取可說，而三乘聖者的差別，卻依無為法而施設。

「須菩提，於意云何？如來得阿耨多羅三藐三菩提耶？如來有所說法耶？」

須菩提言：「如我解佛所說義，無有定法名阿耨多羅三藐三菩提，亦無有定法如來可說。何以故？如來所說法皆不可取❶，不可說，非法、非非法。所以者何？一切聖賢皆以無為法而有差別❷。」

【譯文】

佛陀又問：「須菩提，你意下如何？如來已證得了無上正等正覺嗎？如來真的說過什麼法嗎？」

須菩提回答說：「就我所了解佛所說法的義理，沒有固定的法可以叫做無上正等正覺，也沒有固定的法為是如來所宣說的。什麼緣故呢？因為如來所說的法義都不可以執取，也不能用語言詮釋，它不是佛法，也不是非佛法。為什麼呢？一切賢聖皆因為在所了知的無為法方面，因證悟的深淺不同而有深淺的差別。」

【注釋】

❶取：有執取、執持二義，亦與「執著」同義，即對所喜歡的境界執取追求。取也是煩惱的異名。

❷聖賢：「聖人」與「賢人」之並稱。聖，即具有正理的意思，指證見諦理，捨去凡夫之性，發無漏智而證理斷惑，屬見道的人。賢，即善和之意，指見道以前，調伏自己的心而遠離惡的行為

的人；謂凡夫離惡而未發無漏智，不證理亦未斷惑，是見道以前的修行人。無為法：又稱「無為」，與「有為法」對稱。指非由因緣所造作，離生滅變化而絕對常住之法。

依法出生分第八

這一段以「般若是三世諸佛母，一切善法功德皆依此而生出」為主軸來闡述。經文說明如果有人對於本經，不要說受持全部所得的功德，就是受持其中四句偈，或為他人說其中四句偈，他所得的功德，比用滿三千大千世界七寶做布施的人，要超過千倍萬倍而不可計算的。這是為什麼呢？因為受持是自利，為他人說是利他，能於此甚深法門自利利他，功德當然不可思議。因此說「法布施」能啟發人的正知正見，健全人的品德，引導他向上增進以及解脫、成佛，由此而可得徹底的安樂，所以「法布施」的功德更加圓滿，更不可思議。《般若經》說般若是諸佛之母，一切三世諸佛皆從般若波羅蜜多出生而顯現正等覺。沒有般若，即沒有佛及菩薩、二乘，就是世間的人天善法也不可得。因此經文讚歎般若，進而說明「法布施」的無有窮盡功德。但是，所說的佛法，即是非佛法，因為般若能生出佛法，但是般若並非佛法。畢竟空中，卻是人法都不可得的。假使就此執為實有佛法，那就錯了！

「須菩提，於意云何？若人滿三千大千世界七寶❶，以用布施，是人所得福德寧為多不？」

須菩提言：「甚多，世尊。何以故？是福德即非福德性❷，是故如來說福德多。」

「若復有人於此經中，受持乃至四句偈等❸，為他人說，其福勝彼。何以故？須菩提，一切諸佛及諸佛阿耨多羅三藐三菩提法皆從此經出。須菩提，所謂佛法者即非佛法。」

【譯文】

佛說：「須菩提，你意下如何？如果有人將充滿三千大千世界的所有七種珍寶，全部拿來進行布施，你認為此人因此而獲得的福德果報多不多呢？」

須菩提回答道：「很多，佛陀。為什麼說福德多呢？因為這樣的世間福德本身是空性的，而非無相的福德，所以如來從這個意義上說此人所獲得的福德果報多。」

佛又說：「如果又有一人，能夠虔誠信受此部經，即使奉持其中四句偈等，又能夠為他人解說，那麼此人所獲得的福德果報更要勝過布施充滿三千大千世界的所有七種珍寶的人。什麼緣故呢？須菩提，因為十方一切諸佛及諸佛具有的無上正等正覺的法，皆從此經緣生的。須菩提，所謂的佛法，其本性並非實有，故非佛法。」

【注釋】

❶三千大千世界：古代印度人的宇宙觀。「世」指時間，「界」指空間。又作「一大三千大千世界」、「一大三千世界」、「三千世界」等。指由小、中、大等三種「千世界」所成的世界。古代以須彌山為中心，周圍環繞四大洲及八山八海，稱為「一小世界」。合一千個小世界為「小千世界」，合一千個小千世界為「中千世界」，合一千個中千世界為「大千世界」。因為這中間有三個千的倍數，所以大千世界，又名為「三千大千世界」。然據正確推定，所謂三千世界實則為十億個小世界，而三千大千世界實為千百億個小世界，與一般泛稱無限世界、宇宙全體之模糊概念實有差距。佛典的宇宙觀認為，三千世界是一個佛所教化的領域，所以也稱為「一佛國」。七寶：即七種珍寶，又稱「七珍」，指世間七種珍貴之寶玉。諸經說法不一，《般若經》所說的「七寶」是金、銀、琉璃、珊瑚、琥珀、硨磲、瑪瑙。《法華經》所說的「七寶」是金、銀、琉璃、硨磲、瑪瑙、真珠、玫瑰。《阿彌陀經》所說的「七寶」是金、銀、琉璃、玻璃、硨磲、赤珠、瑪瑙。《大智度論》所說的「七寶」是金、銀、琉璃、頗梨（水晶）、硨磲、赤珠、瑪瑙。

❷福德性：即真正、超越、無相的福德，亦即自性中的智慧福德。

❸偈：又名為「首盧迦」，是印度人對於經典文字的計算法。音譯「伽陀」、「伽他」、「偈陀」、「偈他」等。意譯「諷誦」、「偈頌」、「造頌」、「孤起頌」、「不重頌偈」、「頌」、「歌謠」等。漢譯經典中，多處提及偈頌，但各經卻沒有一致的說法。《百論疏》卷上

指出偈有兩種：一種稱「通偈」，即首盧迦，為梵文三十二音節構成；一種稱「別偈」，由四言、五言、六言、七言，皆以四句而成。在禪宗，禪僧開悟時，也常有人將其悟境以偈頌的形式表現出來。

一相無相分第九

本段借聲聞四果為喻，破除有惑可斷，有果可證的妄念，進一步說明「般若實相」，即非有相非無相，非一非異相，離一切相，即是實相。從世俗角度而言，「我得須陀洹」……「我得阿蘭那行」，都是可以分別言說的。但從勝義諦觀察時，「預流果」等本性無實故，所以絕不應該執取實我與實法而做此念。也就是說如果有了「我能證得預流果」等念頭，這就有了能證的人，所證的果，就是執我了。總而言之，此段從勝義諦的立場，大力駁斥有惑可斷、有果可證的求取，以破除眾生的取著。

「須菩提，於意云何？須陀洹能作是念❶，我得須陀洹果不？」

須菩提言：「不也，世尊。何以故？須陀洹名為入流，而無所入，不入色、聲、香、味、觸、法，是名須陀洹。」

「須菩提，於意云何？斯陀含能作是念❷，我得斯陀含果不？」

須菩提言：「不也，世尊。何以故？斯陀含名一往來，而實無往來，是名斯陀含。」

「須菩提，於意云何？阿那含能作是念❸，我得阿那含果不？」

須菩提言：「不也，世尊。何以故？阿那含名為不來，而實無不來，是故名阿那含。」

「須菩提，於意云何？阿羅漢能作是念❹，我得阿羅漢道不？」

須菩提言：「不也，世尊。何以故？實無有法名阿羅漢。世尊，若阿羅漢作是念，我得阿羅漢道，即為著我、人、眾生、壽者。世尊，佛說我得無諍三昧❺，人中最為第一，是第一離欲阿羅漢。世尊，我不作是念，我是離欲阿羅漢。世尊，我若作是念，我得阿羅漢道，世尊則不說須菩提是樂阿蘭那行者❻。以須菩提實無所行，而名須菩提，是樂阿蘭那行。」

【譯文】

佛又問：「須菩提，你有什麼看法？你認為證得須陀洹聖果的修行者，會生起『我已證得須陀洹果位』這樣的心念嗎？」

須菩提回答說：「不會的，世尊。為什麼呢？須陀洹的意思是入聖流，而實際又是無所入的，不執著於色、聲、香、味、觸、法六塵，證悟對五欲六塵無有執著的境界，因此才叫做須陀洹。」

佛接著問：「須菩提，你有什麼看法？你認為證得斯陀含聖果的修行者，會生起『我已證得斯陀含果位』這樣的心念嗎？」

須菩提回答說：「不會的，世尊。為什麼呢？斯陀含的意思是一往來，而實際又是無所往來的，心中已沒有往來不往來的分別，因此才叫做斯陀含。」

佛又問：「須菩提，你有什麼看法？你認為證得阿那含聖果的修行者，會生起『我已證得阿那含果位』這樣的心念嗎？」

須菩提回答說：「不會的，世尊。為什麼呢？阿那含的意思是不來，而實際又是無所不來的，心中已沒有來不來的分別，因此才叫做阿那含。」

佛繼續問：「須菩提，你有什麼看法？你認為證得阿羅漢聖果的修行者，會生起『我已證得阿羅漢果位』這樣的心念嗎？」

須菩提回答說：「不會的，世尊。為什麼呢？因為實際上並沒有什麼法叫阿羅漢。世尊，如果阿羅漢生起『我已證得阿羅漢果位』的心念，那麼，就執著於自我的相狀、他人的相狀、眾生的相狀、壽命的相狀。世尊，佛說我已證得無諍三昧，是人中第一，亦為羅漢中第一離欲的阿羅漢。世尊，我不起這樣的念頭，說我是一位遠離各種欲望的阿羅漢。世尊，如果我生起『我已證得阿羅漢果位』的念頭，那麼世尊就不會說我是個樂於在山林中寂居靜修的阿蘭那行者。正因為須菩提並不存有修行的執著心念，只是假名為須菩提，所以才稱為是歡喜修阿蘭那行的修行者。」

【注釋】

❶須陀洹：舊譯為「入流」、「至流」、「逆流」、「溝港」等，新譯為「預流」，是聲聞四果中之初果，已斷除三界一切見惑，初得法眼者。全稱「須陀般那」，又稱「須氀多阿半那」、「窣路陀阿鉢囊」、「窣路多阿半那」等。有三種意義：一、入流，是初入聖人之流的意思；二、逆流，是斷三界之見惑，逆生死之流的意思；三、預流，是初證聖果，預入聖者之流的意思。得此果位者，再經七番生死，必入涅槃。

❷斯陀含：又譯為「一來果」，也作「沙羯利陀伽彌」。意譯為「一來」、「一往來」，是聲聞四果中之二果。又分為「斯陀含向」與「斯陀含果」，「斯陀含向」或稱「一來果向」，即初果之聖者進而更斷除欲界修所斷惑中前五品；若更斷除欲界第六品之修惑，還須一往天上、一來人間受生，方得究竟，至此以後，不再受生，稱為「斯陀含果」，或「一來果」，「一來」就是「一度往來」之義。

❸阿那含：舊譯「不來」、「阿那伽彌」、「阿那伽迷」等，意譯「不還」、「無還」、「無來」、「不來」、「不來相」。從名相上看，無來果可以有無來的概念，是聲聞四果中之三果。又可分為「阿那含向」和「阿那含果」，若斷盡欲界九品之惑，則稱「阿那含果」；若斷除七品

或八品，則稱「阿那含向」。修到此果位者，未來當生於色界無色界，不再來欲界受生死，所以叫做「不還」。

❹阿羅漢：又作「阿盧漢」、「阿羅訶」、「阿囉呵」、「阿黎呵」、「遏囉曷帝」等，略稱「羅漢」、「囉呵」。意譯為「應供」、「應真」、「殺賊」、「不生」、「無生」、「無學」、「真人」等。是聲聞四果中之四果，屬聲聞乘中的最高果位。又可分為「阿羅漢向」和「阿羅漢果」，尚在修行階段，而趨向於阿羅漢果者稱「阿羅漢向」；阿羅漢果則指斷盡一切煩惱，解脫生死，不受後有，而應受世間大供養之聖者。約阿羅漢的恩德說，阿羅漢應受天上人間的供養，為世間作大福田，名為「應供」；約他的斷德說，阿羅漢殺盡一切煩惱之賊，故曰「殺賊」；約其智德說，阿羅漢徹證無生寂滅性，解脫生死不受後有，故謂之「無生」。廣義而言，也泛指大、小乘佛教中之最高果位，也為如來的十種稱號之一。

❺無諍三昧：謂住於空理而與他無諍之三昧。諍，即諍論，為「煩惱」之異名。在佛弟子中，「解空第一」的須菩提最通解空理，故於眾弟子中所得之無諍三昧，最為第一。無諍三昧，從外在表現來說，即不與他諍執，處處隨順眾生。覺得人世間已夠苦了，我怎麼再與他諍論，加深他的苦迫呢？如從「無諍三昧」的證境來說，由於通達法無自性，一切只是相依相緣的假名，所以自不煩惱、無欲無念、不起爭辯、爭勝之心的一種精神狀態。無諍，就是能令諸有情不生貪瞋癡等煩惱之智慧，而且有止息他人煩惱之力，也指離煩惱之法。三昧，又名「三摩提」，或「三摩

地」，意譯為「正定」，即將心定於一處（或一境）的一種安定狀態。

❻阿蘭那：原意為「樹林」，意譯為「寂靜處」、「空閒處」、「無諍處」、「遠離處」等，指適合修行與居住的場所。「樂阿蘭那行」者，即是樂於在山林中寂居靜修的人；喜歡在清淨的山林修清淨行、無諍行的修行人。「阿蘭那」也意為寂靜，即身體寂靜，煩惱調伏。玄奘譯《金剛經》時，將此處譯為「無諍住」。

莊嚴淨土分第十

莊嚴佛土不可取相是此段的主旨。在然燈佛所，雖得無上菩提之果，實則自悟自修，於法實無所得。佛設此問，要在表明法無所得，是空法相。接著佛陀探討了無菩薩莊嚴或發心莊嚴剎土之理，說明所謂「莊嚴淨土」，並非就是凡夫眼中所見的色相莊嚴，而是指那無形無相的法性莊嚴。依中觀者說，佛土與佛土莊嚴，如幻如化，是緣起的，空無自性的，所以說「勝義諦」中是非莊嚴。然而無自性空，並不破壞緣起施設，世出世法一切是宛然而有的，所以隨順世俗說，稱之為莊嚴而已。因此菩薩不應該對「六根」所接觸的「六塵」生起執著心，反而應該於無任何所緣執著而生起離一切邊執的清淨心。正因離一切邊執，經文中所謂的大身，真正觀察乃是以「五蘊」假合所形成的身體，所以所謂的「大」也是不存在的。

佛告須菩提：「於意云何？如來昔在然燈佛所❶，於法有所得不？」

「不也，世尊。如來在然燈佛所，於法實無所得。」

「須菩提，於意云何？菩薩莊嚴佛土不❷？」

「不也，世尊。何以故？莊嚴佛土者則非莊嚴，是名莊嚴。」

「是故，須菩提，諸菩薩摩訶薩應如是生清淨心❸，不應住色生心，不應住聲、香、味、觸、法生心，應無所住而生其心。須菩提，譬如有人身如須彌山王❹，於意云何？是身為大不？」

須菩提言：「甚大，世尊。何以故？佛說非身是名大身。」

【譯文】

佛陀再問須菩提：「你有怎樣的看法？如來往昔在然燈佛前，有沒有得到什麼成佛的妙法？」

須菩提回答：「沒有的，世尊。如來往昔在然燈佛前，實際未得到任何妙法。」

佛陀接著問：「須菩提，你有怎樣的看法？菩薩有沒有莊嚴清淨佛土呢？」

須菩提回答：「沒有的，世尊。為什麼呢？因為所謂莊嚴佛土，非勝義中存在實有的莊嚴，不過是莊嚴的外在名相罷了。」

佛說：「所以，須菩提，諸位大菩薩都應當像這樣生起清淨心，不應該對眼識所見的種種色法生起執著心，也不應於聲、香、味、觸及法等塵境生起執著心，應該於無任何所緣執著而生起離一切邊執的清淨心。須菩提，譬如有一個人身體像須彌山王那樣高大，你有什麼看法？他的身體是不是很高大？」

須菩提回答：「很大，世尊。為什麼呢？佛說的並不是實有的身體，只不過假借一個名，稱之為大身而已。」

【注釋】

❶然燈佛：音譯「提和竭羅」、「提洹竭」等，又作「燃燈佛」、「普光佛」、「錠光佛」。為於過去世為釋迦菩薩授記成佛的本師。錠光本為提和衛國聖王的太子，國王臨終前將國家付託給太子。但太子知世間之無常，復將國家授於其弟，自己卻出家為沙門，後終成佛果，也就是然燈佛。據說釋迦在過去修菩薩行時，有一天，見城中市容整飭，街道潔淨，問起路人，才知是預備歡迎然燈佛的。於是買得金色蓮花，至誠而歡喜的去供養然燈佛。見到佛及弟子的威儀，從心靈深處生起虔誠的敬信。進城的必經道上，有一灘的水，他就伏在地上，散開自己的頭，掩蓋污泥，讓佛踏過。佛知他信證法性，得無生忍，所以就替他授記曰：「過後九十一劫，等你修滿三阿僧祇時，你應當作佛，號釋迦牟尼。」

❷莊嚴佛土：莊嚴，有莊盛嚴飭之意，即布列種種寶物、鮮花、寶蓋、幢、幡、瓔珞等，以裝飾嚴

淨道場或國土等。將濁惡世界淨化，即莊嚴佛土，這是以願力為本的。菩薩立大願，集合同行同願的道伴，實踐「六度」萬行功德、「四攝」的善行，並以之迴向，莊嚴成時之依報國土，謂之「莊嚴佛土」。

❸ 清淨心：指無疑淨信之心、遠離煩惱之無垢心、自性清淨之心。《勝鬘寶窟》曰：「清淨心，淨者信也。起淨信之心，又不雜煩惱心，名為淨心。」這裡指「諸菩薩摩訶薩應如是生清淨心，不應住色生心，不應住聲、香、味、觸、法生心」，即指應該無執於任何所緣的境界、超越能所對待、有無分別，而生起離一切邊執的清淨心。

❹ 須彌山王：即是須彌山，音譯為「蘇迷盧山」、「須彌盧山」、「須彌留山」、「修迷樓山」等，意譯作「妙高山」、「好光山」、「好高山」、「善高山」、「善積山」、「妙光山」、「安明由山」等。原為印度神話中之山名，佛教之宇宙觀沿用之，謂其為聳立於一小世界中央之高山。以此山為中心，外圍有八大山、八大海順次環繞，而形成一世界（須彌世界）。須彌山高出水面八萬四千由旬，水面之下亦深達八萬四千由旬。須彌山頂有三十三天宮，為帝釋天所居住之處，四王天則居於山腰四面。此山是由金、銀、琉璃、水晶四寶所成，花果繁盛，香風四起，無數之奇鳥，相和而鳴，諸鬼神住於其中。因此山高出眾山之上，故稱「山王」。

無為福勝分第十一

上文用一個三千大千世界的七寶布施來較量，這裡就用恆河沙數的大千世界的七寶布施來比照驗證，並認為布施如此多的七寶的福德沒有持此經的福德勝。多做善事即多增福德，少做善事即少增福德，這是一種有為、有相的福德，是一個著相福德和有漏的果報。受持本經，體悟般若無住真理，就是無為的福德，是出世無漏的善法功德。依世俗的心理，布施如此多的七寶的功德當然是很多了，但是「法布施」的功德更是其福德如虛空不可限量。為何呢？因為受持此經者，能觀照般若妙行而讓自己見性成佛。進而如果能為他人說，他人受持，則他人也能觀照般若妙行而見性成佛。「法布施」能度盡無量無數無邊眾生，使眾生皆見性成佛，所以其福德勝於布施無量七寶的福德。

「須菩提，如恆河中所有沙數❶，如是沙等恆河，於意云何？是諸恆河沙寧為多不？」

須菩提言：「甚多，世尊。但諸恆河尚多無數，何況其沙！」

「須菩提，我今實言告汝：若有善男子、善女人，以七寶滿爾所恆河沙數三千大千世界，以用布施，得福多不？」

須菩提言：「甚多，世尊。」

佛告須菩提：「若善男子、善女人，於此經中乃至受持四句偈等，為他人說，而此福德勝前福德。」

【譯文】

佛說：「須菩提，像恆河中所有的無可計數的沙數，假如這條河中的每一粒沙子又成一條恆河，你有什麼看法？所有恆河中的塵沙加在一起，你認為那沙子算不算多呢？」

須菩提回答：「非常多，世尊。僅僅是恆河之沙那麼多的恆河已是無可計數，何況所有河中的沙子的數量呢。」

佛說：「須菩提，我今天實實在在地以真實語向你宣說，如果有善男子、善女人，用遍滿上述所有恆河沙數那麼多的三千大千世界的七寶，來進行布施，他們所獲得的福報功德多不多？」

須菩提回答：「非常多，世尊。」

佛進一步告訴須菩提：「如果有善男子、善女人，能對此經信受奉持，甚至只是受持其中的四句偈，並向他人講解演說，其所獲得的福德勝過前面所說以滿恆河沙數那麼多的三千大千世界的七寶作布施的福德。」

【注釋】

❶恆河：為印度五大河之一，又作「恆迦河」、「恆伽河」、「殑伽河」等，意為「由天堂而來」。在地理上，它是亞洲的大河流之一，上游在喜馬拉雅山南坡，中途匯集百川，經過印度、孟加拉而進入印度洋。其兩岸人口稠密，經濟繁榮，交通發達，物產豐富，故印度人民對恆河有著深厚的感情，將兩岸約一千五百公里之地視為神聖的朝拜地區，於河岸兩旁建築無數寺廟，各教教徒常至此巡禮。至釋迦佛陀應世，恆河兩岸更是佛陀及弟子教化活動之重要區域。恆河沙粒至細，其量無法計算，諸經中凡形容無法計算之數，多以「恆河沙」一詞為喻。

尊重正教分第十二

此分更深入闡明正法流布的廣大。先表明隨說是經之處，這個地方，就應為天、人、阿修羅所當恭敬尊重的。接著表明如果能完全受持此經，則生清淨心，清淨心中，無相無住，即能成就第一殊勝稀有的功德，此般若經典（不必定作經卷看）所在的地方，就等於佛世有佛，及佛滅不久有受尊重的弟子在那裡。有此般若經典在，即為佛在處，即為佛與上首弟子在處，也就等於具足了三寶，佛法住世。正因為般若甚深微妙法，是三世諸佛之母，所以，經典所在之處，即應恭敬尊重，要像供養佛塔廟一樣地恭敬供養。

「復次，須菩提，隨說是經乃至四句偈等，當知此處一切世間天、人、阿修羅❶，皆應供養如佛塔廟❷，何況有人盡能受持、讀誦。須菩提，當知是人成就最上第一希有之法。若是經典所在之處，即為有佛，若尊重弟子❸。」

【譯文】

佛接著又說：「再次，須菩提，能夠觀機隨緣的向他人宣說此經，甚至只是講解經中的四句偈而已，那麼應當知道此講經之處，一切世間所有的天、人、阿修羅，都應該前來護持、恭敬供養，就如同供養佛塔廟宇一樣，更何況有人能夠完全信受奉行、誦讀這部經。須菩提，當知此人已成就最無上第一稀有的無上菩提。這部經典所在之處，那裡就會有佛，也就有尊重佛的弟子在那裡。」

【注釋】

❶世間：音譯作「路迦」。指被煩惱纏縛的三界及有為、有漏諸法之一切現象。又因「世」有遷流之義、破壞之義、覆真之義，「間」為間隔之義，所以與「世界」一語同義，包含「有情世間」與「器世間」兩種。有情世間，又作「眾生世間」、「有情界」。器世間，又作「物器世間」、「器世界」、「器界」、「器」，指一切有情眾生居住的山河大地、國土等。相對於含有世俗意味之「世間」而言，超越世間者，則稱「出世間」（出世）。天、人、阿修羅：合稱為「三善道」。天，音譯作「提婆」，又名「素羅」，有光明、自然、清淨、自在、最勝等義。與天上、

天有、天趣、天道、天界、天上界等同義。指在迷界之「六趣」中，最高最勝之有情，或指這些天人所居住的處所。天界可分為「欲界」、「色界」、「無色界」。欲界六天，皆有飲食男女之欲；色界十八天，多習禪定，無男女之欲，但還有色身；無色界四天，禪功更深，色身已無。人，世間的生存者，欲界所屬之有情，思慮最多者，過去曾修中品善之因，故今世招感人道之果。阿修羅，又作「阿須羅」、「阿須倫」、「阿蘇羅」、「阿素羅」等。為「六道」之一，也是「天龍八部」及「十界」之一。義為「不端正」，言其男性容貌醜陋，但女性相貌卻端正。又譯為「非天」，說明其果報勝似天而無天之德。阿修羅原為古印度神祇之一，屬於戰鬥一類之鬼神，經常被視為惡神，而與帝釋天爭鬥不休，因此後世亦稱戰場為「修羅場」或「修羅戰」。佛教沿用其傳說，並說其皈依佛法。

❷供養：供給資養之義，又作「供」、「供施」、「供給」、「打供」等。即以飲食、衣服等物供給佛法僧「三寶」、父母、師長、亡者等。總括供養物之種類、供養方法與供養對象等，有各種不同之分類。初期教團所受之供養以衣服、飲食、臥具、湯藥等為主，稱為「四事供養」。「五種供養」有塗香（持戒）、花鬘（布施）、焚香（精進）、飲食（禪定）、燃燈（智慧），另加閼伽（淨水〔忍辱〕），即為「六種供養」。花、香、瓔珞、末香、塗香、燒香、繒蓋、幢幡、衣服、伎樂則合稱「十種供養」。塔：又作「塔婆」、「兜婆」、「偷婆」、「浮圖」等。原指為安置佛陀舍利等物，而以木、磚等構造成的覆缽型建築物，但後世卻與「支提」混同，而泛指

於佛陀降世、成道、轉法輪、般涅槃等處，以堆土、石、磚、木等築成，作為供養禮拜之建築物。其實兩者是有差別的，凡有佛陀舍利者，稱為「塔」；無佛陀舍利者，稱為「支提」。廟：佛典中的廟，與中國傳統意義上的廟不同，而相當於梵語之「窣堵婆」，即塔。

❸弟子：意譯「所教」，即就師而受教者。佛陀在世時之聲聞等，乃至佛陀入滅後之比丘、比丘尼、優婆塞、優婆夷等，皆稱為佛弟子。就佛而言，聲聞、菩薩雖皆為弟子，但因聲聞道時人之形儀最親順於佛，故特稱為「弟子」。此處指受天、人、阿修羅等尊重的佛的大弟子，如舍利弗、目犍連、阿難等。

如法受持分第十三

此分以較量內身施和法施的功德。先示說如法受持般若的第一義諦，佛陀以假、空、真三句，涵蓋佛法之精要。此三句是：如來說般若波羅蜜，即非般若波羅蜜，是名般若波羅蜜；如來說微塵，非微塵，是名微塵；如來說三十二相，即是非相，是名三十二相。

須菩提已深深領悟般若妙理，認為此經不僅示現為弟子們受持而已，所以當機請示佛陀總結經名，以便於後人受持奉行。佛陀說明此經名為《金剛般若波羅蜜》後，隨即說金剛般若波羅蜜，即非有般若波羅蜜可得的。世間的名相只不過是世俗共許的符號，是隨順世俗，以名句文身為表示而已！同理，說法也是如此，什麼也不是語言可說的，何況離相的金剛般若。同樣的理由，組成世界的微塵，並沒有自性可得，依之而集成的世界，當然也不會實有自性了！所以又說：如來說世界，即非世界。而幻化的世界宛然，所以又是名世界。如來說的三十二相亦是如此，是沒有自相可得的，不過是如幻如化的莊嚴身相，名為三十二相罷了。通過般若、微塵和三十二相說明了世界的性空與假名！

之前是以充滿三千大千世界的七寶布施，再以充滿恆河沙數三千大千世界的七寶布施，如今又以恆河沙數的身命布施，層層深入地比較受持本經及為人說法的功德。七寶為外施，身命為內施，雖然內施的福德倍勝於外施，但終究不及受持此經的福德。身命布施，除了出於同情的悲心而外，也有為了追求真理——求法而不惜捨身的。身命布施的功德，雖比外財施大得多，但還是暫時的不究竟的救濟。持經法施，不但能拯拔墮落的人格，開發錮蔽者的智慧，還能斷自他生死，究竟解脫。所以，比身命布施的功德，要多到無可計算了！

爾時，須菩提白佛言：「世尊，當何名此經？我等云何奉持？」

佛告須菩提：「是經名為《金剛般若波羅蜜》，以是名字，汝當奉持。所以者何？須菩提，佛說般若波羅蜜，即非般若波羅蜜，是名般若波羅蜜。須菩提，於意云何？如來有所說法不？」

須菩提白佛言：「世尊，如來無所說。」

「須菩提，於意云何？三千大千世界所有微塵❶，是為多不？」

須菩提言：「甚多，世尊。」

「須菩提，諸微塵，如來說非微塵，是名微塵。如來說世界非世界，是名世界。須菩提，於意云何？可以三十二相見如來不❷？」

「不也，世尊。不可以三十二相得見如來，何以故？如來說三十二相即是非相，是名三十二相。」

「須菩提，若有善男子、善女人，以恆河沙等身命布施，若復有人，於此經中乃至受持四句偈等，為他人說，其福甚多。」

【譯文】

這時候，須菩提向佛陀請示：「世尊，我們應當怎樣稱呼這部經？我們又應該怎樣受持奉行這部經呢？」

佛告訴須菩提：「這部經就取名為《金剛般若波羅蜜經》，以此名稱，你應當奉持。為什麼呢？須菩提，因為佛所說的般若波羅蜜，並不是實有的般若波羅蜜，而在名相上稱之為般若波羅蜜。須菩提，你認為如何？如來有說過什麼法嗎？」

須菩提回答道：「世尊，如來沒有說過什麼法。」

佛再問：「須菩提，你是怎麼想的？你認為三千大千世界裡所有的微塵，算不算多呢？」

須菩提答：「非常多，世尊。」

佛說：「須菩提，所有的微塵，如來說它不是微塵，才假名叫做微塵。如來說世界即是非世界，並非實有世界，只是假名為世界而已。須菩提，你認為如何？是否可以通過如來色身的三十二種殊妙相貌來認識真正的如來？」

須菩提答：「不可以，世尊。不可以通過如來色身的三十二種殊妙相貌而見如來的真實面目。為什麼呢？如來所說的三十二相並非是三十二種真實形相，只是因緣和合的假名三十二相。」

佛說：「須菩提，如果有善男子、善女人，以恆河沙數那樣多的身體和生命來布施，又如果再有人，能信受奉持這部經，甚至只是經中的四句偈而已，並廣為他人宣說，他得到的福報功德就更多了。」

【注釋】

❶微塵：即眼識所能看到的最微細者。在佛教而言，極微是指物質存在之最小單位。以一極微為中心，合七極微為一微塵，合七微塵為一金塵，合七金塵為一水塵。又，微塵之量雖小，然其數甚多，故經典中經常以「微塵」比喻量極小，以「微塵數」比喻數極多。

❷三十二相：是轉輪聖王及佛之應化身所具足之三十二種殊勝容貌與微妙形相。又作「三十二大人相」、「三十二大丈夫相」、「三十二大士相」、「大人三十二相」等。略稱為「大人相」、「四八相」、「大士相」、「大丈夫相」等。此「三十二相」，不限於佛。具有此相者，在家必

為轉輪聖王，出家則必定會證得無上菩提。此處指如來具有三十二種顯著特徵、殊勝的容貌。依《大智度論》卷四所載，「三十二相」即：㈠足下安平立相、㈡足下二輪相、㈢長指相、㈣足跟廣平相、㈤手足指縵網相、㈥手足柔軟相、㈦足趺高滿相、㈧腨如鹿王相、㈨垂手過膝相、㈩陰藏相、⑾身廣長等相、⑿毛上向相、⒀一孔一毛生相、⒁金色相、⒂大光相、⒃細薄皮相、⒄七處隆滿相、⒅兩腋下隆滿相、⒆上身如獅子相、⒇大直身相、㉑肩圓好相、㉒四十齒相、㉓齒齊相、㉔牙白相、㉕獅子頰相、㉖味中得上味相、㉗廣長舌相、㉘梵聲相、㉙真青眼相、㉚牛眼睫相、㉛頂髻相、㉜眉間毫相。以上三十二相，行百善乃得一妙相，故稱為「百福莊嚴」。

離相寂滅分第十四

「離相」是此段的主題。離相即離一切幻相。世間一切相，皆是幻化之相。凡夫不知這個幻相是虛而不實的，所以執著取捨，處處為幻相所惑。若能識破幻相非相，則外塵不入，真性便能呈現，所謂生滅滅已，寂滅現前者也。

須菩提先是極力讚歎深法的難聞，使他們注意而受持這離相妙悟的般若。聽聞了這深妙法門者，都能成就第一稀有功德，這是因為他們能離一切妄相而清淨信心，即離戲論而顯得心自清淨，是如實相而知的證信，即清淨增上意樂或不壞信，這是更顯難得了！之後的眾生，也能在聽聞此經後成就第一稀有功德。此乃因為他們信解受持這金剛般若經後，已沒有我等四相的取執了。可見不問時代的正法、像法，不問地點的中國、邊地，能否信解般若，全在眾生自己是否已多見佛、多聞法、多種善根，是否能離四相而定。

聞經後能不生驚疑怖畏而入般若海，這是第一稀有者。為什麼呢？因為已透徹了解如來所說的離相第一般若波羅蜜。要不落懷疑，不生邪見，不驚、不怖、不畏，必須心無所著，而有了般若智慧才能心無所著。般若為諸度之先導，諸度（後五度）若無般若，皆不到彼岸，所以如來說第一波羅蜜。然而，第一波羅蜜，即是無可取、無可說，也即是第一不可得，波羅蜜不可得。惟其離相不可得，所以為諸法的究極本性，為萬行的宗導，而被十方諸佛讚歎為「第一波羅蜜」。

上文偏說布施，而此處又特別讚歎忍辱，借用行大忍辱說明離我法執。生忍、法忍、無生忍是菩薩發大心，行廣大難行，度無邊眾生，學無量佛法所必學習的。菩薩唯有修大忍，才能度化眾生，完成成佛大事。菩薩修此忍力，能受得苦難，看得徹底，站得穩當，以無限的悲願熏心，般若相應，能不因種種而引起自己的煩惱，退失自己的本心。但是忍辱波羅蜜要與般若相應，才能了悟能忍的我，所忍的境與忍法，都不可得，所以即非忍辱波羅蜜。能如此，才能名為「忍波羅蜜」。佛陀進一步舉過去的本生來證明自己在過去生中，被歌利王分割身體的故事，說明當時自己並沒有我等四相，所以心不產生瞋恨而能大悲，能大忍！要利益眾生，就應該行不執取法相、人相的無住布施。所以如來接著說：如來說的一切相，即是非相；說的一切眾生，即非眾生。通達非相非眾生，所以能布施，所以能忍辱。

菩薩修菩薩行，唯有除滅四相，才可以契會無實無虛。若心不住於色等法而行布施，那就如明目人在日光朗照的地方，能見種種的形色。這說明布施要與般若相應，不著一切，即能利益眾生，趨入佛道，莊嚴無上的佛果。總括地說，將來如有善男子、善女人，能受持、讀誦這般若妙典，那即為如來的大智慧眼，在一切時、一切處、一切事中，完全明確地知道、見到，能常為如來所護持，他的功德是無量無邊的。

爾時，須菩提聞說是經，深解義趣，涕淚悲泣而白佛言：「希有，世尊。佛說如是甚深經典，我從昔來所得慧眼❶，未曾得聞如是之經。世尊，若復有人得聞是經，信心清淨❷，即生實相❸，當知是人成就第一希有功德。世尊，是實相者，即是非相，是故如來說名實相。世尊，我今得聞如是經典，信解受持不足為難❹。若當來世後五百歲，其有眾生得聞是經，信解受持，是人即為第一希有。何以故？此人無我相、無人相、無眾生相、無壽者相。所以者何？我相即是非相，人相、眾生相、壽者相即是非相。何以故？離一切諸相即名諸佛。」

佛告須菩提：「如是，如是。若復有人得聞是經，不驚不怖不畏，當知是人甚為希有。何以故？須菩提，如來說第一波羅蜜，即非第一波羅蜜❺，是名第一波羅蜜。

「須菩提，忍辱波羅蜜❻，如來說非忍辱波羅蜜，是名忍辱波羅蜜。何以故？須菩提，如我昔為歌利王割截身體❼，我於爾時無我相、無人相、無眾生相、無壽者相。何以故？我於往昔節節支解時，若有我相、人相、眾生相、壽者相，應生瞋恨❽。

「須菩提，又念過去於五百世作忍辱仙人，於爾所世無我相、無人相、無眾生相、無壽者相。是故，須菩提，菩薩應離一切相，發阿耨多羅三藐三菩提心。不應住色生心，不應住聲、香、味、觸、法生心，應生無所住心❾。若心有住，即為非住。是故，佛說菩薩心不應住色布施。須菩提，菩薩為利益一切眾生故，應如是布施。如來說一切諸相即是非相，又說一切眾生即非眾生。

「須菩提，如來是真語者、實語者、如語者、不誑語者、不異語者。須菩提，如來所得法，此法無實無虛。須菩提，若菩薩心住於法而行布施，如人入暗即無所見。若菩薩心不住法而行布施，如人有目，日光明照，見種種色。

「須菩提，當來之世，若有善男子、善女人，能於此經受持讀誦，即為如來以佛智慧悉知是人，悉見是人，皆得成就無量無邊功德。」

【譯文】

這時候，須菩提聽聞了這部經，深刻領會了其中的真諦，禁不住感激涕零地對佛說：「太稀有了，世尊。佛陀宣說了如此甚深微妙的經典，這是從我見道得慧眼以來，未曾聽到過的如此殊勝的經典。世尊，如果有人聽聞了這樣的經義，而能生起清淨的信心，即能證悟萬法實相，應該知道此人已經成就了最殊勝稀有的功德。世尊，這個真如實相，並不是真實的真如實相，所以如來佛才說它假名為實相。世尊，我今日能夠親聞佛陀講這部經典，理解其義並受持此經不算難得稀有。如果到了後世的最後一個五百年中，有眾生聽聞這微妙經義，並能信受奉持，此人才是非常稀有難得的。為什麼呢？因為此人已沒有對自我相狀、他人相狀、眾生相狀和壽命相狀產生執著。為什麼是這樣呢？因為他已經了悟我相本非真實，人相、眾生相、壽者相也一樣本非真實。為什麼呢？遠離一切對虛妄之相的執著，就可以稱之為佛了。」

佛告訴須菩提說：「是這樣的，是這樣的。如果有人聽聞這部經典，而能夠不驚疑、不恐怖、不生畏懼，應當知道這人是非常殊勝稀有的。為什麼呢？須菩提，如來所說的第一波羅蜜，實則並非實有的第一波羅蜜，只是假名的第一波羅蜜。

「須菩提，所謂的忍辱波羅蜜，如來說並非實有的忍辱波羅蜜，只是假名的忍辱波羅蜜。為什麼呢？須菩提，比如我過去被歌利王用刀支解身體，我在當時就沒有心存自我的相狀、他人的相狀、眾生的相狀和壽命的相狀。為什麼這樣說呢？如果我當時被節節支解時，在心中執著我的相狀、他人的相狀、眾生的相狀和壽命的相狀，就必定會生起瞋恨的心。

「須菩提，我回想起我在過去五百世做忍辱仙人時，那時，我就不執著於自我的相狀、他人的相狀、眾生的相狀和壽命的相狀。所以，須菩提，菩薩應該捨離所有一切的相狀，生發無上正等正覺的菩提心。不應該執著於色塵而產生心念，不應該執著於聲、香、味、觸、法諸塵而產生心念，應當生起無所執著的清淨心。如果心中有所執著，就無法無住而生其心了。所以，佛說菩薩的心念不應該執著於色相而布施。須菩提，菩薩為了利益一切的眾生，應當如此進行布施。如來說一切所有的形相都是因緣聚合的假名形相，又說一切所有的眾生也不是真實的眾生。

「須菩提，如來是講真話的人，講實話的人，講真理的人，而不是說謊話的人、不是講怪異話的人。須菩提，如來所證得的法，既非實有又非虛無。須菩提，如果菩薩心裡執著於法相而行布施，就會好像人進入黑暗中什麼也看不到。如果菩薩心裡不執著於法相而行布施，就好像人有雙眼，在日光的照耀下，能一清二楚地看見各種色法一樣。

「須菩提，未來之世，如果有善男子、善女人，能對這部經信受奉行和誦念受持，如來憑佛無礙的智慧可以悉知這種人，也可以悉見這種人，一定能成就無量無邊無盡的功德。」

【注釋】

❶ 慧眼：指智慧之眼。為聲聞、緣覺二乘人所證得的眼。為「三眼」之一、「五眼」之一。慧能起觀照，所以名為眼。了知諸法平等、性空之智慧，故稱「慧眼」。因慧眼能照見諸法真相，所以能度眾生至彼岸。

❷ 信心：信受所聞所解之法而無疑心，亦即遠離懷疑之清淨心。是離戲論而顯的清淨心，是如實相而知的證信，即清淨增上意樂或不壞信。信心乃為入道之初步，故置於「信、進、念、定、慧」

等五根之首，主旨概為信仰「佛、法、僧」三寶及因果之理。

❸實相：原義為本體、實體、真相、本性等，指一切萬法真實不虛之體相，或真實之理法、不變之理、真如、法性等。實，就是真實不虛；相，謂事物的本性或相狀。宇宙間一切事物都是因緣（條件）組成、變化無常的，都沒有永恆的、固定不變的自體，以世俗觀念認識的一切現象均為假相，這就包含「空」之意義。這種空就是宇宙萬有的「真性」，亦即諸法實相。諸法實相為萬有的本性，所以又叫「法性」，此法性真實常住不變，所以又名「真如」。此外還有「真諦」、「中道」、「涅槃」、「實際」、「實性」、「法身」、「法界」、「佛性」、「如來藏」、「般若」等種種異名。此實相之相狀，一般認為不得以言語或心推測之。

❹信解：聞佛之說法初信之，後解之，謂之信解。亦指修行之階位，為「七聖」之一。鈍根者見此經能信之，利根者讀此經能解之，合謂之「信解」。又信者能破邪見，解者能破無明。

❺第一波羅蜜：即自生死迷界之此岸而至涅槃解脫之彼岸。「波羅蜜」又作「波羅蜜多」、「波囉弭」多。意譯為「到彼岸」、「度無極」、「度」、「事究竟」。到彼岸的方法，總括而言，有「六波羅蜜」、「十波羅蜜」、「四波羅蜜」等分別。其中以「六波羅蜜」，為諸部般若經之說。「六波羅蜜」中最殊勝的就是「般若波羅蜜」，故稱「第一波羅蜜」。「般若波羅蜜」意譯為「慧到彼岸」、「智度」、「明度」、「普智度無極」。即以智慧照見世間的實相，為度生死此岸而至涅槃彼岸之船筏，故謂之「波羅蜜」。「般若波羅蜜」為「六波羅蜜」之根本，一切善

法之淵源，故又稱「諸佛之母」。其他「五度」（布施、持戒、忍辱、精進、禪定），都要以般若為前導，不然即如盲行。

❻ 忍辱波羅蜜：梵語為「羼提」，意譯為「安忍」、「忍」等。忍，是能忍之心；辱，是所忍的境。忍不但忍辱，還忍苦耐勞，即認透確定事理。忍有三種，對於人事方面的毀譽，皆能安然順受，不生瞋恚之心，叫「生忍」；忍受身心的勞苦病苦，以及風雨寒熱等苦，能處之泰然，叫「法忍」；菩薩修行「六度」時，了知一切諸法無我、本然不生的空理，將真智安住於理而不動，叫「無生忍」，無生忍即般若慧。菩薩修此忍力，即能不為一切外來或內在的惡環境、惡勢力所屈服。所以，忍是內剛而外柔，能無限的忍耐，而內心能不變初衷，最終達成理想的目標。佛法勸人忍辱，是勸人學菩薩，是無我大悲的實踐，非奴隸式的忍辱。

❼ 歌利王：又作「哥利王」、「羯利王」、「迦梨王」、「迦陵伽王」、「羯陵伽王」、「迦藍浮王」等。意譯作「鬥諍王」、「惡生王」、「惡世王」、「惡世無道王」等。佛陀於過去世修行時，歌利王為烏萇國的國王。他的行為非常凶暴惡劣，臣民們都很害怕他，唯恐避之不及。一次，國王帶了宮女們，入山去打獵。宮女們趁國王休息時，就自由遊玩。在深林中，當她們見到一位仙人在坐禪時，對他生起很大信心，仙人也就為她們說法。國王一覺醒來，不見一人，到各處去尋找，見她們圍著仙人在談話，心中生起瞋恨心並責問仙人，且不分青紅皀白地用刀砍下仙人的手腳，看他是否能忍。當時，仙人毫無怨恨，神色不變，不但不瞋恨，反而對國王生起大悲

心。這仙人，即釋迦牟尼佛的前生。

❽瞋恨：又作「瞋恚」、「瞋怒」、「恚」、「怒」。「三毒」之一，也是六根本煩惱之一。對於苦與產生苦的事物，厭惡憎恚，謂之「瞋」。瞋恨能使身心熱惱，起諸惡業。

❾無所住心：即其心無住。無住，即無著、不執著。無所住是不滯住善惡、是非、空有、斷常、迷悟等等對待的兩邊，連中道亦不住。

持經功德分第十五

此段第四次運用較量法，深一層地顯示信解受教般若經教的功德的不可思議。持經功德即勝於身命布施，因為用等於恆河沙數的身命布施，仍不如聽聞此經典，能生信心，隨順般若而不違逆。信為道元功德母，佛法大海，惟信得入；信是入道初基，由信而解，由解而行，由行而證，所以其功德超勝。單是「信順」的功德即如此，那麼更進一步的書寫、受持、讀誦、為他人演說，功德當然就更大了！

本經有不可思議、不可稱量的無邊功德。但如來不為小乘行者說這樣大功德的妙法，因為好樂小法的人，住著在我見、人見、眾生見、壽者見，不能於此般若深法，聽受乃至為人解說的。唯發大乘心者，及發最上乘心者，能領受信解，廣為人說，因而就能為了救度眾生而信受轉化，即能荷擔如來無上大法，廣度眾生，紹隆佛種的責任！這裡並非貶低「樂小法者」，聲聞者能得無我，這是佛教所共許的，因此此處說「樂小法者」住於我見，是針對他們不能大悲利他而說，是一種方便說。

如來接著說此經所在的地方，即等於佛塔所在之處。佛示現涅槃後遺有八大佛塔，因此說佛塔本是供養佛身的；佛說的教典，是佛證覺後而開示的，所以也被稱為「法身」。所以，但有此經所在之處，就等於有佛塔了，為了尊敬法身，一切天、人、阿修羅，都應當尊敬供養。

「須菩提，若有善男子、善女人，初日分以恆河沙等身布施，中日分復以恆河沙等身布施，後日分亦以恆河沙等身布施❶，如是無量百千萬億劫以身布施❷。若復有人聞此經典，信心不逆，其福勝彼，何況書寫、受持、讀誦、為人解說！

「須菩提，以要言之，是經有不可思議、不可稱量無邊功德❸。如來為發大乘者說❹，為發最上乘者說。若有人能受持、讀誦、廣為人說，如來悉知是人，悉見是人，皆得成就不可量、不可稱、無有邊、不可思議功德。如是人等，即為荷擔如來阿耨多羅三藐三菩提。何以故？須菩提，若樂小法者❺，著我見、人見、眾生見、壽者見，則於此經不能聽受、讀誦、為人解說。

「須菩提，在在處處，若有此經，一切世間天、人、阿修羅所應供養，當知此處即為是塔，皆應恭敬作禮圍繞❻，以諸華香而散其處。」

【譯文】

佛說：「須菩提，如果有善男子、善女人，上午以恆河沙數那樣多的身體來布施，中午也以恆河沙數那樣多的身體來布施，下午也同樣以恆河沙數那樣多的身體來布施，如此經百千萬億劫都沒有間斷過以身體來布施。如果又有一個人，聽聞了此經典，生起不退的信心，他所得的福德勝過前述以身命布施的人，更何況抄寫經文、信受奉行、閱讀背誦、為他人解說呢！

「須菩提，簡而言之，此經具有不可思議、不可估量、無邊無際的功德。如來本為發大乘菩薩道心的人而說，為發最上佛乘的眾生而說。如果有人能信受持行、閱讀背誦、廣為他人宣說，如來可以悉知這個人，也可以悉見這個人，一定能成就不可衡量、不可稱計、無邊無際、不可思議的功德。這樣的人，就擔當得起如來無上正等正覺的家業。為什麼呢？須菩提，一般樂於小乘佛法的人，會執著於自我相狀、他人相狀、眾生相狀和壽命相狀，對於此經典他們不會聽聞信受、閱讀背誦、廣為他人宣說。

「須菩提，無論何時何地，只要有這部經典，一切世間的天神、人類、阿修羅都應該於此虔誠供養。應當知道此經所在之處即等於是佛塔的所在地，就應恭恭敬敬圍繞示禮，以各種芳香的花朵和細香散於其四周，虔誠地供養。」

【注釋】

❶ 初日分、中日分、後日分：猶言一天中的上午、中午、晚上三個時段。約十點鐘以前為初日分，十點到下午二點為中日分，二點鐘以後是後日分。

❷ 劫：古代印度的時間單位，佛教沿用之。泛指極長的時間。音譯為「劫波」、「劫跛」、「劫簸」、「羯臘波」等。意譯為「分別時分」、「分別時節」、「長時」、「大時」、「時」等。在印度，通常以一劫為梵天的一日，即人間的四億三千二百萬年。佛教則視之為不可計算的極長時間，故經論中多以譬喻故事喻顯之。佛教對於「時間」的觀念，以劫為基礎，來說明世界生成與毀滅的過程。

❸ 功德：音譯作「懼曩」、「麌曩」、「求那」等。功，是指福利之功能，德，則指此功能為善行之德。德者得也，修功有所得，故曰「功德」。即意指功能福德，亦謂行善所獲之果報。又世人拜佛誦經布施供養等，都叫「功德」。

❹ 大乘：音譯為「摩訶衍那」、「摩訶衍」等。又作「上衍」、「上乘」、「勝乘」、「第一乘」等。乘即交通工具之意，指能將眾生從煩惱之此岸載至覺悟之彼岸之教法而言。不以個人之覺悟為滿足，而以救度眾生為目的，一如巨大之交通工具可載乘眾人，故稱為「大乘」。以此為宗旨之佛教，即是大乘佛教。

❺ 小法：即指小乘法。佛之說法，實際並無二致，只因弟子發心不同，致使淺者見淺，深者為深，

而有大小乘之別。

❻作禮圍繞：佛在世時，弟子來見佛，大都繞佛一匝或三匝，然後至誠頂禮。在古印度，環繞佛塔右行三匝或更多匝，是一種表示虔誠恭敬的禮儀。此作禮圍繞的習俗亦隨佛教的傳播，而在世界各地沿用至今。

能淨業障分第十六

我們於生活當中，有許多潛在而未發的過去所造的惡業，一遇因緣，就會感受應得的果報。但是讀誦般若經者，因受持此經的功德力，所有過去應墮惡道的罪業，在現世卻輕受了。這是為何呢？此乃因為持誦此經，洞知一切皆是幻相，皆是虛妄，並能了悟四相的空性，進而能斷煩惱障。因此則不再隨境轉業，而能境隨人轉了。有了強有力的智慧和願力，是可以使業變質的。所以說深入般若，虛妄淨盡，故曰「能淨業障」。

接下來，如來以自己經歷的事實，證明受持本經的功德。受持讀誦，所得功德，乃屬無為之慧，能了悟性空法門，或者得離相生清淨心。這樣的功德的殊勝，當然要比釋尊供養諸佛的功德，超勝得不可計算了。

總結而言，如來顯示此經，為發菩提心的一條軌道。而且與般若經的般若相應的大悲妙行，甚深廣大，是不可以心思言議的。所以，聽聞、受持乃至為人解說等所得的果報，也出於常情的想像以外，不可思議！

「復次，須菩提，善男子、善女人受持讀誦此經，若為人輕賤，是人先世罪業應墮惡道❶，以今世人輕賤故，先世罪業則為消滅，當得阿耨多羅三藐三菩提。

「須菩提，我念過去無量阿僧祇劫❷，於然燈佛前，得值八百四千萬億那由他諸佛❸，悉皆供養承事無空過者。若復有人於後末世，能受持讀誦此經所得功德，於我所供養諸佛功德，百分不及一，千萬億分乃至算數、譬喻所不能及。

「須菩提，若善男子、善女人於後末世，有受持讀誦此經，所得功德，我若具說者，或有人聞心則狂亂，狐疑不信。須菩提，當知是經義不可思議，果報亦不可思議❹。」

【譯文】

佛接著又說：「再次，須菩提，如果有善男子、善女人能對這部經信受奉行和諷誦受持，反而受人輕賤，這個人前世所造的罪業本應該墮入惡道，因為現世被世人所輕賤，他前世的罪業就因此而消除，他也可以證得無上正等正覺。

「須菩提，我想起過去無量無盡的劫前，在然燈佛前，曾遇到過八百四千萬億那由他的佛，我全都一一親承供養，一個也沒有錯失過。如果有人於未來之世，能夠受持讀誦此經，他所得到的功德，和我過去供養諸佛的功德相比，我不及他百分之一，千萬億分之一乃至數字、譬喻都無法達到的無數分之一。

「須菩提，如果有善男子、善女人在未來世中，能夠受持讀誦此經，他所得到的功德，我如果一一具體細說，也許有的人聽到後會心慌意亂，狐疑而不相信。須菩提，應當了解此經的內容意義是不可思議的，所得到的果報也是不可思議的。」

【注釋】

❶業：音譯為「羯磨」。最早見於印度的古奧義書，是婆羅門教、耆那教等都襲用的術語。佛教中一般解釋為「造作」。意謂行為、所作、行動、作用、意志等身心活動，或單由意志所引生之身心生活。若與因果關係結合，則指由過去行為延續下來所形成的力量。此外，「業」亦含有行為上善惡苦樂等因果報應思想，及前世、今世、來世等輪迴思想。一般而言，業分身、語、意等三業，以身體之行動與言語表現其意志者，即是身業、語業；內心欲行某事之意志稱為「意業」。業生滅相續，必感苦樂等果，果是業果，結果的因即是業因。業雖由人的身口意所造，但受煩惱的支配。若造善惡之業，其後必招感相應之苦樂果報。以有業因，故招感業果；非善非惡之無記

業則無招果之力。佛教所說的惡業（罪業）有不同的說法，其中有「五惡業」和「十惡業」。「五惡業」即殺生、偷盜、邪淫、妄語和飲酒，反之，則稱「五善」。「十惡業」則包含殺生、偷盜、邪淫、妄語、兩舌、惡口、綺語、貪欲、瞋恚和邪見。離以上十惡，則為「十善」。惡道：為「善道」之對稱，與「惡趣」同義，即順著惡行而趨向的道途。即指生前造作惡業，而於死後往生的苦惡處所。在「六道」之中，一般把阿修羅、人間、天上稱為「三善道」，地獄、餓鬼、畜生則稱為「三惡道」。

❷ 阿僧祇：印度數目之一，又作「阿僧伽」、「阿僧企耶」、「阿僧」、「僧祇」等，意謂無量數或無窮極之數。此詞多用於計量劫數，而計量劫數時，有「小阿僧祇劫」與「大阿僧祇劫」兩種。

❸ 那由他：數目名。又作「那庾多」、「那由多」、「那術」、「那述」等。指極大之數，有說是相等於今天的百億，也有說是千億，或更大之數。

❹ 果報：由過去業因所招感的結果。又作「異熟」、「果熟」、「報果」、「應報」、「異熟果」等。由於過去的業因造成現在的結果，所以叫做「果」，又因為這果是過去的業因所招感的酬報，所以又叫做「報」。譬如米麥的種子是因，農夫之力或雨露之潤等是緣。當來年米麥成熟時，對於之前的米麥種子而言，則是果，對於過去農夫之力、雨露等而言，則為報。

究竟無我分第十七

此段須菩提再次請示「云何應住」、「云何降伏其心」的道理，問題雖與前文相似，但實質上是不同的。之前是就未明理而發世俗菩提心者的請問及如來的答覆，如今卻已經了悟於心，所以這是就發勝義菩提心者的請問及如來的答覆。

首先，既然已發勝義菩提心，就能從畢竟空中，起無緣大悲以入世度生。但菩薩度眾生時，是「無有眾生實滅度者」的。為何？因為菩薩無有我、人、眾生、壽者四相的差別心，所以能離一切相，雖度眾生，但卻不著度相。所以，雖然滅度一切眾生，事實上無眾生可度，因為眾生本自具足真如法性的緣故。

接著佛陀通過本身過去的經歷，示說了自己以無分別無所得的心去供養然燈佛，得到了無漏福德，所以然燈佛才與釋迦佛授記。所以如來才會說在勝義畢竟空中，一切法絕無自性的，在一定的因緣條件下就會發生改變，所以說一切法即非一切法，只是假名為一切法而已。就如佛說的「長大人身」，只是通達法性畢竟空而從緣幻成的，實沒有大身的真實性。「菩薩」也一樣是緣成如幻的，所以，佛說一切法——有漏的、無漏的、有為的、無為的、世間的、出世間的無我，都沒有菩薩實性可說。

同理，如果菩薩有了「我當莊嚴佛土」的念頭，這就有了能莊嚴的人及所莊嚴的法，而無法了知本無實性的莊嚴佛土可得，只是緣起假名的莊嚴罷了。菩薩之所以為菩薩，是因為能以般若通達我法的無性空，體達菩提離相，我法俱空。

爾時，須菩提白佛言：「世尊，善男子、善女人發阿耨多羅三藐三菩提心，云何應住？云何降伏其心？」

佛告須菩提：「善男子、善女人發阿耨多羅三藐三菩提心者，當生如是心。我應滅度一切眾生，滅度一切眾生已，而無有一眾生實滅度者。何以故？須菩提，若菩薩有我相、人相、眾生相、壽者相，即非菩薩。所以者何？須菩提，實無有法發阿耨多羅三藐三菩提心者。須菩提，於意云何？如來於然燈佛所，有法得阿耨多羅三藐三菩提不？」

「不也，世尊。如我解佛所說義，佛於然燈佛所，無有法得阿耨多羅三藐三菩提。

佛言：「如是如是。須菩提，實無有法如來得阿耨多羅三藐三菩提。須菩提，若有法如來得阿耨多羅三藐三菩提者，然燈佛則不與我授記❶，汝於來世當得作佛，號釋迦牟尼❷。以實無有法得阿耨多羅三藐三菩提，是故然燈佛與我授記，作是言，汝於來世當得作佛，號釋迦牟尼。何以故？如來者，即諸法如義。若有人言如來得阿耨多羅三藐三菩提，須菩提，實無有法佛得阿耨多羅三藐三菩提。

「須菩提，如來所得阿耨多羅三藐三菩提，於是中無實無虛。是故如來說一切法皆是佛法。須菩提，所言一切法者，即非一切法，是故名一切法。須菩提，譬如人身長大。」

須菩提言：「世尊，如來說人身長大則為非大身，是名大身。」

「須菩提，菩薩亦如是。若作是言，我當滅度無量眾生，即不名菩薩。何以故？須菩提，實無有法名為菩薩。是故佛說一切法無我、無人、無眾生、無壽者。須菩提，若菩薩作是言，我當莊嚴佛土❸，是不名菩薩。何以故？如來說莊嚴佛土者，即非莊嚴，是名莊嚴。須菩提，若菩薩通達無我法者，如來說名真是菩薩。」

【譯文】

這時候，須菩提向佛陀請示道：「世尊，善男子、善女人已經發心求無上正等正覺，他們的心念該如何安住？應如何降伏他們的迷妄心呢？」

佛告訴須菩提說：「善男子、善女人中凡發心求無上正等正覺者，應當生起這樣的心志。我應該度化一切眾生，如此滅度了一切眾生，而實際上並沒有一個眾生被度脫。為什麼呢？須菩提，如果菩薩執著自我的相狀、他人的相狀、眾生的相狀和壽命的相狀，就不是真正的菩薩。為什麼這樣呢？須菩提，實際上並沒有一種法名為發心求無上正等正覺者。須菩提！你認為如何？如來在然燈佛那裡，有沒有得到一種法叫做無上正等正覺的？」

須菩提回答道：「沒有的，世尊。依據我對佛陀所講的教義的理解，佛陀在然燈佛那裡，並沒有什麼佛法可以得到無上正等正覺的。」

佛答覆說：「是這樣，是這樣。須菩提，實際上並沒有什麼佛法可以使如來得到無上正等正覺的。須菩提，如果有佛法使如來得到無上正等正覺，然燈佛就不會為我授記：你在來世必當成佛，名釋迦牟尼。正因為並沒有佛法使如來得到無上正等正覺，所以然燈佛才會為我授記，並這樣說：你在來世必當成佛，名號為釋迦牟尼。為什麼呢？所謂如來，即是諸法的本義，一切諸法體性空寂。如果有人說如來證得了無上正等正覺果位，須菩提，實際上並沒有佛法使佛可證得無上正等正覺。

「須菩提，如來所證得的無上正等正覺，於彼中既不是實有，也不是虛無。所以，如來說一切諸法都是佛法。須菩提，所說的一切法，都不是一切法，所以才叫做一切假名的法。須菩提，譬如說人的身形高大。」

須菩提回答說：「世尊，如來說人的身形高大，實際上不是真實的身形高大，只是假名的高大身形。」

佛說：「須菩提，菩薩也是如此。如果菩薩這樣說：我應當滅度無量的眾生，就不能叫做菩薩。為什麼呢？須菩提，實際上沒有一個法名為菩薩。所以佛說一切諸法都沒有自我的相狀、他人的相狀、眾生的相狀、壽命的相狀。須菩提，如果菩薩這麼說：我應當清淨莊嚴佛土，就不能叫做菩薩。為什麼呢？如來說清淨莊嚴佛土，就不是清淨莊嚴，只是假名的清淨莊嚴。須菩提，如果菩薩能夠透徹無我的真理，如來就說他是真正的菩薩。」

【注釋】

❶授記：又作「授決」、「受決」、「受記」、「受別」、「記別」、「記說」、「記」等。本指分析教說，或以問答方式解說教理；後來轉指弟子所證或死後之生處；再後來卻專指諸佛對發大心的眾生預先記名，某世證果，及其國土、名號，而予以記別。最著名的例子有釋尊於過去世得然燈佛之授記；法藏比丘得世自在王佛授記，而成阿彌陀佛；及彌勒曾經受釋尊之授記。

❷釋迦牟尼：又作「釋迦文尼」、「奢迦夜牟尼」、「釋迦牟曩」、「釋迦文」等。略稱「釋迦」、「牟尼」、「文尼」等。牟尼，意譯為「能仁」、「能忍」、「能寂」、「寂默」、「能滿」、「度沃焦」。乃佛教創始人。本名悉達多，姓喬答摩（瞿曇），誕生於迦毘羅衛國城東的藍毘尼園。因其為釋迦族，成道後被尊稱為「釋迦牟尼」，意為「釋迦族出身之聖人」。其他稱

號有「佛陀」（覺者）、「世尊」、「釋尊」等。

❸佛土：又作「佛國」、「佛國土」、「佛界」、「佛剎」。指佛所住之國土，或佛教化之國土。不僅指淨土，亦有可能是穢土、報土、法性土等。莊嚴佛土，就是化穢土而成淨土。

一體同觀分第十八

可能有人會疑惑，佛既然說諸法皆空，那麼成佛是不是即空無所知。須菩提知道佛的智慧，究竟圓明，徹底洞見，超勝一切，所以對佛陀針對「五眼」的詰問都一一答覆說：「有。」

佛陀接著用「恆河沙」來形容如來的知見圓明。佛對眾多國土中所有的一切眾生，他們的每一心行，如來以佛知見，悉能知見。每一眾生的心念，剎那生滅，念念不住，每一眾生即起不可數量的心念。然而佛能徹底明見，佛何以有此慧力？因為所說的諸心，即是緣起無自性的非心，假名為心而無實體可得的。之後佛說出了《金剛經》的名句之一「過去心不可得，現在心不可得，未來心不可得」。如說心在過去，過去即滅無，哪裡還有心可得？若心在現在，現在念念不住，哪裡還有實心可得？倘使說心在未來，未來即未生，這怎麼有未來心可得？於三世中求心自性不可得，惟是如幻的假名，所以說諸心非心。

「須菩提，於意云何？如來有肉眼不❶？」

「如是，世尊，如來有肉眼。」

「須菩提，於意云何？如來有天眼不❷？」

「如是，世尊，如來有天眼。」

「須菩提，於意云何？如來有慧眼不❸？」

「如是，世尊，如來有慧眼。」

「須菩提，於意云何？如來有法眼不❹？」

「如是，世尊，如來有法眼。」

「須菩提，於意云何？如來有佛眼不❺？」

「如是，世尊，如來有佛眼。」

「須菩提，於意云何？如恆河中所有沙，佛說是沙不？」

「如是，世尊，如來說是沙。」

「須菩提，於意云何？如一恆河中所有沙，有如是沙等恆河，是諸恆河所有沙數佛世界，如是寧為多不？」

「甚多，世尊。」

佛告須菩提：「爾所國土中所有眾生，若干種心如來悉知❻。何以故？如來說諸心皆為非心，是名為心。所以者何？須菩提，過去心不可得，現在心不可得，未來心不可得。」

【譯文】

佛問：「須菩提，你認為如何？如來是否有肉眼？」

須菩提答：「是的，世尊，如來有肉眼。」

「須菩提，你認為如何？如來是否有天眼？」

「是的，世尊，如來有天眼。」

「須菩提，你認為如何？如來是否有慧眼？」

「是的，世尊，如來有慧眼。」

「須菩提，你認為如何？如來是否有法眼？」

「是的，世尊，如來有法眼。」

「須菩提，你認為如何？如來是否有佛眼？」

「是的，世尊，如來有佛眼。」

佛又問：「須菩提，你認為如何？像恆河中所有的沙粒，佛說這所有的沙是沙嗎？」

須菩提回答：「是的，世尊，如來說是沙。」

佛繼續問：「須菩提，你認為如何？譬如一條恆河中所有的沙粒，每一個沙粒又是一條恆河，這麼多恆河的所有的沙都是佛土，它的數目是不是很多呢？」

須菩提答：「很多，世尊。」

佛告訴須菩提：「你所處的這麼多國土中的所有眾生，所有種種不同的心念如來都完全知曉。為什麼呢？如來說的種種的心，都並非是真正的心，只是假名稱之為心。為什麼這樣說呢？須菩提，過去的心是不可得到的，現在的心也是不可得到的，未來的心也一樣是不可得到的。」

【注釋】

❶肉眼：乃「五眼」之一。指人之肉眼。凡夫以此肉眼可分明照見色境，但肉眼受種種障礙而不通達，據《大智度論》卷三十三載，肉眼能清晰照見近處之景物，至於遠處的東西則無法看見；照見眼前之景物時，但無法同時照見背後的東西；能照見外在者，卻無法照見內在的東西；白晝時能照見諸物，黑夜中則沒辦法看見。

❷天眼：「五眼」之一。為天趣之眼，故名。一般人修行禪定也可得到天眼。天眼能洞見內外、粗細、前後、遠近、明暗、上下，但仍有理障。天眼有兩種，一種是從福報得來，謂為生得或報得之天眼，如天人；一種則是從修行得來，謂為修得之天眼。

❸慧眼：為「五眼」之一。指智慧之眼，二乘聖賢照見諸法平等、性空之智慧，故稱「慧眼」，因

其照見諸法真相，故能度眾生至彼岸。但慧眼因所知障故，有智無悲，雖勝天眼，猶不及法眼能悲智並用。

❹法眼：為「五眼」之一。指徹見一切法之實相，了知俗諦萬有之智慧眼。是菩薩為適應機緣，度化眾生，故以清淨法眼遍觀諸法，知一切眾生之方便門，故能令眾生修行證道。

❺佛眼：為「五眼」之一。指諸佛照破諸法實相，而慈心觀眾生之眼。佛名「覺者」，覺者之眼就叫做佛眼，即能照見諸法實相之眼。諸佛也同時具有肉、天、慧、法四眼的作用，所以無所不見、無事不知不聞，一切皆見。

❻若干種心：即指依各種情形對「心」的分類，如真心、妄心、貪心、癡心、瞋心等。心，又作「心法」、「心事」。泛指所有的精神現象，即通常所說的心、意、識。佛教對於心與物之存在，乃主張心與物為相輔相成之關係，不論任何一方皆不能單獨存在，所以說色心不二。

法界通化分第十九

此段第六次以七寶布施說明布施得福的原因，即要以三心不可得之無住心為「因」，用七寶作「緣」，如是布施，才能得福甚多。假如以執著的心為因，用滿大千世界的七寶為緣，布施於人，那麼就會認為福德有實在自性，因此佛也不會說他得福德多。但如果能破此執見，布施者能與般若相應，不取相施而布施一切，則能豎窮三際，橫遍十方，圓成無量清淨無漏福德，因此佛才會說他得到很多的福德。

「須菩提，於意云何？若有人滿三千大千世界七寶以用布施，是人以是因緣得福多不❶？」

「如是，世尊，此人以是因緣得福甚多。」

「須菩提，若福德有實，如來不說得福德多。以福德無故，如來說得福德多。」

【譯文】

佛問：「須菩提，你意下如何？如果有人用充滿三千大千世界的七種珍寶來行布施，這個人因這布施的因緣而得到的福報多不多呢？」

須菩提回答：「是的，世尊。這個人因這布施的因緣而得到的福報非常多。」

佛又說：「須菩提，如果福德是真實存在的體性，如來就不會說得到的福德很多。正因為並沒有真實存在的福德，所以如來說得到的福德很多。」

【注釋】

❶因緣：「因」與「緣」的並稱。「因」是產生結果的直接內在原因；「緣」是相資助的外在間接條件。一切萬有皆由因緣之聚散而生滅。因此，由因緣生滅的一切法，稱為「因緣生滅法」；而由因與緣和合所產生之結果，稱為「因緣和合」。一切存在的現象和物質都是由因緣和合而成的假有，所以並沒有自性，這便是「因緣即空」之理。

離色離相分第二十

此分說明如來的圓滿報身，有相皆是虛妄，離諸相才能見性，也才能見得如來。色身，是諸法和合的一合相；諸相——如三十二相，是色身上某一部分的特殊形態。這裡如來說一切身相，都是無為所顯的，是緣起假名而畢竟無自性的，哪裡有圓成實體可得？所以，即非具足身相，而只是假名施設的。總而言之，如來以「見身無住、離色離相」，剷除吾人對諸佛的色身生起貪著。

「須菩提，於意云何？佛可以具足色身見不❶？」

「不也，世尊，如來不應以具足色身見。何以故？如來說具足色身，即非具足色身，是名具足色身。」

「須菩提，於意云何？如來可以具足諸相見不❷？」

「不也，世尊。如來不應以具足諸相見。何以故？如來說諸相具足即非具足，是名諸相具足。」

【譯文】

佛又問：「須菩提，你意下如何？佛可以依圓滿莊嚴的色身形相來證見嗎？」

須菩提回答說：「不可以，世尊。如來不能依圓滿莊嚴的色身來證見。為什麼呢？如來說的完美的色身形相，不是真實不變的色身形相，只是假名為色身而已。」

佛緊接著又問：「須菩提，你意下如何？如來可以依所具備的種種圓滿妙相來證見嗎？」

須菩提回答說：「不可以，世尊。如來不能依種種的圓滿妙相來證見。為什麼呢？因為如來所說的圓滿諸相不是真實的相貌，只不過是假名為圓滿諸相而已。」

【注釋】

❶具足色身：指有形質之身，即肉身。反之，無形者稱為法身，或智身。此詞雖被廣泛用來指肉身而言，但佛典中亦多用以指佛、菩薩的相好身。也就是指具足圓滿報身佛的總相，即佛、菩薩的三十二相。

❷具足諸相：指圓滿報身佛的別相。「諸相」指如來的各種相貌特徵，即三十二相、八十種細微殊好特徵結合起來的殊勝容貌形相。因此，具足諸相即指報身佛的身體相貌各部分完美齊備，而且每一相中也有無量相好具足。

非說所說分第二十一

破除人們所執的見相，使人洞知緣生事理，以免執有執空之病，而令發菩提心，是《金剛經》的主旨。之前的部分破除對於佛身的見相，此處欲破除佛語的見相，希望眾生能破除執見及所知諸障，悟入般若妙境。通常，眾生聽聞到聲音，看到文字，就以為佛陀在說法。其實，從法身理體之處來看，哪裡有可說的法、能說的人？佛陀說法是隨緣說法而不著法相的，說法亦是緣生，緣生體空，所以說法即「無法可說」。但說法又必須隨俗假說，令眾生從言說中體達無法可說，這即名為說法了。

但是，如果身相非身相，說法亦非說法，二者甚深之義，末世眾生聞之，深恐狐疑不信，所以證大阿羅漢果，「解空第一」的須菩提才會再次請示：「眾生於未來世說是法，生信心不？」佛陀的答案是肯定的，大乘根器眾生必能在聽聞此經後生起信心。聽聞佛法而能生淨信者，即大菩薩，所以說彼非眾生，又非不眾生。如從五蘊和合生的眾生說，眾生無我，常是畢竟空，不過惑業相續，隨作隨受，於眾生不可得中而成為眾生。雖然眾生非實而有，但卻也是假名存在，所以說「是名眾生」。

「須菩提，汝勿謂如來作是念，我當有所說法，莫作是念。何以故？若人言如來有所說法即為謗佛，不能解我所說故。須菩提，說法者無法可說，是名說法。」

爾時，慧命須菩提白佛言❶：「世尊，頗有眾生於未來世聞說是法，生信心不？」

佛言：「須菩提，彼非眾生非不眾生。何以故？須菩提，眾生眾生者，如來說非眾生，是名眾生。」

【譯文】

佛說：「須菩提，你不要認為如來有這樣的意念：我應當有所說法，你不要如此生心動念。為什麼呢？如果有人說如來有所說法的念頭即是誹謗佛陀，因為他不能了解我所說的真諦。須菩提，所謂說法，實際並沒有什麼法可說，只是假名其為說法。」

這時候，道德智能圓滿的須菩提當機啟問佛說：「世尊，如果有眾生在未來之世聽聞您說的法，能夠生起信心嗎？」

佛回答說：「須菩提，他們既不是眾生，又非不是眾生。為什麼呢？須菩提，眾生之稱作眾生，如來說他們並非真實的眾生，只是假名為眾生而已。」

【注釋】

❶慧命：指法身以智慧為生命。如色身必賴飲食來延續生命，而法身必賴智慧以長養。智慧之命夭傷，則法身之體亡失。慧命又意謂具壽命，乃佛教尊稱有德之長老、比丘，表示道德智能圓滿，所以言「慧命須菩提」。

無法可得分第二十二

色身非色身，相好非相好，說法無所說，眾生非眾生，旨在示說一切皆空，破除眾生的一切執取。如今又說如來「無有少法可得」，同樣是為了破除眾生的執著。觀待世俗名言，佛陀確實獲得了「共」與「不共」的智慧，如「十力」、「四無畏」，同時也具足各種相好與功德。但如果從勝義諦觀之，所謂無上菩提，亦是因緣和合，無不是依如虛空的空性而約義施設，所以仍是「無所得」的。如果說「有所得」，那是因為仍執情未忘，能所未破之故。

另，須菩提在此提出這樣的問題，實因他已徹悟，只是仰承佛意而問，所以佛陀才會回答：「如是如是」，以印證之。

須菩提白佛言：「世尊，佛得阿耨多羅三藐三菩提，為無所得耶？」

佛言：「如是如是。須菩提，我於阿耨多羅三藐三菩提，乃至無有少法可得，是名阿耨多羅三藐三菩提。」

【譯文】

須菩提向佛稟問：「世尊，佛證得無上正等正覺佛智，也就是沒有得到正等正覺佛智嗎？」

佛說：「正是，正是。須菩提，我對於無上正等正覺佛智，甚至沒有一點法可得，只是假名稱之為無上正等正覺而已。」

淨心行善分第二十三

此段說明一切法性本來平等，無有高下，以平等清淨心，不著四相，而修一切善法，便契無有自體可得，亦不執以為實，而得無上正等正覺。

諸法平等，不僅指輪涅平等，也指顯現和空性平等、世俗和勝義平等，在聖不增，在凡不減，無有高下之殊。一切法之所以有高下，乃由於眾生分別執著之妄見而產生。實則一切法性平等，何有高下，既無高下，何有無上菩提法，只是假名為無上菩提法而已。

如果眾生能以般若空慧，修習一切自利利他的善法，積集無邊福德，並通達三輪體空，不取著四相，便能圓證無上遍正覺。法性如空，一切眾生有成佛的可能，成佛也如幻如化，都無所得。然而，不加功用，不廣集資糧，不發菩提心，不修利他行，還是不會成佛的！

「復次，須菩提，是法平等無有高下，是名阿耨多羅三藐三菩提。以無我、無人、無眾生、無壽者修一切善法❶，即得阿耨多羅三藐三菩提。須菩提，所言善法者，如來說即非善法，是名善法。」

【譯文】

佛繼續說：「再者，須菩提，諸法是絕對平等的，沒有上下高低的分別，所以才名為無上正等正覺。只要不執著於自我的相狀、他人的相狀、眾生的相狀、壽命的相狀的妄想分別心去修持一切善法，那麼即可證得無上正等正覺。須菩提，所謂的善法，如來說它並不是真實的善法，只是假名為善法而已。」

【注釋】

❶ 善法：與「惡法」對稱。指合乎於「善」的一切道理，即合理益世之法。一般以五戒、十善為世間之善法，三學、六度為出世間之善法，二者雖有深淺之差異，但皆為順理益世之法，故稱「為善法」。

福智無比分第二十四

上文言明了無修而修，無得而得，實相平等，此段再舉「七寶聚」布施福德與持經功德較量。雖然以山王寶聚布施，仍屬有為善法，有相的布施縱使如山高、如海深，山崩海枯之時，福智亦是有盡。但受持四句，是無為善法，能生無相般若妙慧而悟無上菩提法。除自利，還能令他人開發無漏善根，同樣可以離相而證無上菩提法，所以是福慧雙修的法施。因此受持此經乃至四句所結的無漏福德，勝於用七寶布施之有漏福德，是數、言無法表達衡量的。

「須菩提，若三千大千世界中所有諸須彌山王，如是等七寶聚，有人持用布施。若人以此般若波羅蜜經乃至四句偈等，受持讀誦，為他人說，於前福德百分不及一，百千萬億分乃至算數、譬喻所不能及。」

【譯文】

佛進一步說：「須菩提，如果有三千大千世界中所有的須彌山王這麼多的七種珍寶，有人用這些珍寶來做布施。然而如果有人以這部《金剛般若波羅蜜經》乃至只是其中的四句偈，加以信受奉行和諷誦受持，並廣為他人宣說，則前者以七寶布施所得的福德不及後者所得福德的百分之一，百千萬億分之一乃至數字、譬喻都無法說清楚的無數分之一。」

化無所化分第二十五

此段進一步論斷「空性」和「假名」。「化」者，以法度生也；「無所化」者，以平等心度平等眾，外不見所度的眾生，內不見能度的我，能所俱忘，自然是化無所化。如來說「無眾生可度」，表示佛不起心動念，而能隨機緣以度眾生。如果有了「度眾生」的念頭，便落能所、能度、我相、人相、眾生相和壽者相的執取，也就四相具足而無法了悟生死。眾生只不過為五蘊積聚，是緣生法，緣生性空，若有度生之念，豈非不了緣生，執五蘊法為實有，那如來不是執有我等四相了嗎？

可是凡夫並不能透徹了知這一點，以為有個真實的「我」而取妄執之念頭。從空義而言，凡夫，是不見實相的異生；煩惱未斷，生死未得解脫，依此而施設的假名而已。

「須菩提，於意云何？汝等勿謂如來作是念，我當度眾生。須菩提，莫作是念。何以故？實無有眾生如來度者，若有眾生如來度者，如來則有我、人、眾生、壽者。

「須菩提，如來說有我者❶，即非有我，而凡夫之人以為有我❷。須菩提，凡夫者，如來說即非凡夫，是名凡夫。」

【譯文】

佛再次詢問：「須菩提，你認為如何呢？你不要認為如來有這樣的意念：我應當度化眾生。須菩提，不要如此生心動念。為什麼呢？因為實在沒有眾生讓如來度化，如果真有眾生讓如來度化，那麼如來就落入自我、他人、眾生和壽者相狀的執著之中。

「須菩提，我雖口稱有我，實際上並不是真實的我，但是凡夫卻以為有一個真實的我。須菩提，所謂的凡夫，如來說他並不是真實的凡夫，只是假名為凡夫而已。」

【注釋】

❶我：通常佛教中所說的「我」，大抵可分為「實我」、「假我」、「真我」三類。「有常」、「一」、「主」、「宰」等義之實在我體，稱為「實我」，乃凡夫所迷妄執情的我。假我為「真我」之對稱。以佛教的立場而言，所謂「我」者，實際上並無「我」之存在，僅由五蘊和合所成

之身，假名為我而已，故稱「假我」。真我意指真實之我，就是諸法平等的真性，不但諸佛已依此得到了歸趣，即一切眾生也是依此為最後的歸趣，所謂「真我與佛無差別，一切有情所歸趣」。

❷凡夫：指未見「四聖諦」之理而凡庸淺識之人，也就是指迷惑事理和尚流轉於生死大海的平常人。

法身非相分第二十六

此段再次通過「以三十二相觀如來否」來破三十二法相，教人不可住如來相。眼見心想的三十二相，一落有相執著，就無法見如來了。這一問題在上文已探討，也已知不可以三十二相見如來，為什麼這裡須菩提的第一次回答卻說「以三十二相觀如來」呢？有學者認為須菩提第一次的回答是從眾生立場所見作答，是就化身角度作答。眾生一般都以為化身佛有三十二相的，所以須菩提也就說「以三十二相觀如來」。第二次的回答卻從徹悟者立場回答，不但法身不可以三十二相見，化身也是不可以三十二相見的。因為，法身是緣起無性的，法身所有的相好，也是無性緣起的。從法身現起的化身，有三十二相，也還是緣起無性的。因此假使可以三十二相見如來，轉輪王也有三十二相，那豈不混淆轉輪王也是如來嗎？只有心無分別，才能見莊嚴清淨法身。進一步地說，如果以色見（以三十二相色相見如來），聲求（從六十美妙梵音中見如來），這是走入邪道，非正見，故不能正見如來的。

《華嚴經》云：「色身非是佛，音聲亦復然，不了彼真性，是人不見佛。」

「須菩提，於意云何？可以三十二相觀如來不？」

須菩提言：「如是如是，以三十二相觀如來。」

佛言：「須菩提，若以三十二相觀如來者，轉輪聖王即是如來❶。」

須菩提白佛言：「世尊，如我解佛所說義，不應以三十二相觀如來。」

爾時，世尊而說偈言：

若以色見我，以音聲求我，
是人行邪道，不能見如來。

【譯文】

佛又問：「須菩提，你認為如何？可以依三十二種殊妙身相來證見如來嗎？」

須菩提答：「是的，是的，可以依三十二種殊妙身相來證見如來。」

佛說：「須菩提，若能依三十二種殊妙身相來證見如來，那麼轉輪聖王就是如來。」

須菩提對佛陳白：「世尊，如依據我對佛陀所說之佛法的理解，是不應該依三十二種殊妙身相來證見如來。」

這時候，佛陀以偈說道：

若想憑色相見我，若以聲音尋求我。

此人修行邪魔道，必不能證見如來。

【注釋】

❶ 轉輪聖王：又作「轉輪王」、「飛行轉輪帝」、「轉輪聖帝」、「輪王」或「飛行皇帝」等，是佛教政治理想中的統治者。依佛典所載，與佛一樣具有三十二相，為世間第一有福之人，具足「四德」（大富、端正姝好、無疾病、長壽），成就「七寶」（輪、象、馬、珠、女、居士、主兵臣）。常乘輪寶巡視所統一的須彌四洲，以「十善法」治世的大帝王，故稱「轉輪聖王」。轉輪王出現時，天下太平，人民安樂，沒有天災人禍。轉輪聖王出現之說盛行於釋尊時代，《大智度論》卷二十五即以轉輪聖王之「七寶」及其治化，與佛之「七覺支」等並舉。又將佛陀說法稱作「轉法輪」，比擬轉輪聖王之轉輪寶。

無斷無滅分第二十七

本段敘述般若法，非斷非常，不可用斷常之見思量，而且般若法本是不生不滅的，不可用生滅之法來論議，因此般若法體無斷無滅。真正的「空」是超越有、無二邊，無實無虛的中道，不是什麼都沒有才叫「空」，而是即有即空、即空即有的真空妙有。如果著相，那是「有見」，但以為一切相皆不取，那又落入「空見」，而成斷滅。故如來於此，叮嚀再三，令人不落於「斷滅空見」。雖說不可以三十二相觀如來，但「假名」的圓滿身相仍相好宛然。證無上遍正覺是果，發菩提心而廣大修行是因，因果是必然相稱的。如成佛而沒有功德的莊嚴身相，那必是發心不正，惡取偏空，破壞世諦因果而落於斷滅見了。總而言之，發菩提心者，非但不應取法，亦不應取非法；雙離空有，方歸中道，才不落入斷見。我們應抱持「肯定一切存在的存在，否定一切存在的自性」的態度。

「須菩提，汝若作是念，如來不以具足相故，得阿耨多羅三藐三菩提。須菩提，莫作是念，如來不以具足相故，得阿耨多羅三藐三菩提。須菩提，汝若作是念，發阿耨多羅三藐三菩提心者，說諸法斷滅❶，莫作是念。何以故？發阿耨多羅三藐三菩提心者，於法不說斷滅相。」

【譯文】

佛又說：「須菩提，你如果有這樣的念頭，如來不以具足三十二種殊妙相的緣故，才能證得無上正等正覺。須菩提，你不應當有這樣的念頭，認為如來不以具足三十二種殊妙相的緣故，才能證得無上正等正覺。須菩提，你如果有這樣的念頭，發無上正等正覺菩提心者，就會說一切諸法都是斷滅空性，你不應當有這樣的念頭。為什麼呢？發無上正等正覺菩提心者，對一切法不說斷滅相，不著法相，也不著斷滅相。」

【注釋】

❶斷滅：又作「斷見」。主張眾生在死後，生命即完全斷滅、空無的看法。有七種斷滅，所以又稱作「七種斷滅論」、「七斷滅論」。這種看法，與「常見」相對，持常見者主張世界為常住不變，人類的自我不滅，人類死後自我亦不消滅，且能再生而再以現狀相續，即說我為常住。佛教

既不偏於常見，亦不偏於斷見，而主張遠離有、無兩邊，而取中道。「斷、常」二見，俱非中道。

不受不貪分第二十八

此段再次以菩薩用滿沙界的寶施為比喻較量無我福勝，顯示證得無生法忍的菩薩，心中不著相布施，能通達無我之法。因此「得忍菩薩」的無漏功德，勝過「寶施菩薩」的有漏福德。發大心以充滿恆河沙世界的七寶作布施，所得的功德必然是極大的；但如另有菩薩，能悟知一切法無我性，得無我忍，那所有功德即勝前菩薩的功德。忍即智慧的別名，得無生法忍的菩薩之功德所以殊勝，因他於所作布施不馳求、不貪著福德，能知道是無性的緣起，不執取福德為實的。不受福德並非說沒有福德，而是說不執為實有，不執為己有，深知福德不應貪著的。知一切法無我，則破法執；知人無我，則破我執；二執既破，即證無生法忍，所得必是無漏功德。

「須菩提，若菩薩以滿恆河沙等世界七寶持用布施，若復有人知一切法無我，得成於忍，此菩薩勝前菩薩所得功德。何以故？須菩提，以諸菩薩不受福德故。」

須菩提白佛言：「世尊，云何菩薩不受福德？」

「須菩提，菩薩所作福德，不應貪著❶，是故說不受福德。」

【譯文】

佛又說：「須菩提，如果菩薩用滿恆河沙數那麼多的七種珍寶來布施，倘若又有人透徹一切法都是無自性的，便能證得無生法忍，那麼這位菩薩所獲得的福報功德勝過前面所說的那位菩薩。為什麼呢？須菩提，這是因為所有的菩薩都不領受有為福報功德的。」

須菩提向佛提問：「世尊，為什麼說菩薩不領受有為福報功德？」

佛回答說：「須菩提，菩薩對他所作的福報功德，不應貪求而生起貪著執取，所以才說菩薩不領受有為福報功德。」

【注釋】

❶貪著：即貪愛執著。屬於「六煩惱」（根本煩惱）之一，「三毒」、「五蓋」、「十惡」之一。欲求五欲、名聲、財物等而無厭足之精神作用，即染著五欲之境而不離。凡夫對於自己所好之物，生起染污之愛著心，逐而引生種種的苦惱。

威儀寂淨分第二十九

如來，梵語tathāgata，音譯作「多陀阿伽度」，漢譯「如來」，也可譯「如去」。「來」和「去」兩個觀念，是就世俗的動靜為相而說的。所以如來現身人間，一樣地來去出入，一樣地行住坐臥，這種種顯現在眾生眼識前現量成立，在世俗中毫無疑問應當承認。而從勝義實相分析，來去坐臥都不過性空如幻，哪有來者去者可得？所以，不可以行住坐臥處見如來，因為如來雖現威儀之相，而實是性空如幻，來無所從，去無所至；雖是寂靜之體，而隨現威儀之相的。如來說法身者，本來常住，無所出現而來，亦無所入滅而去，為方便眾生計，住於世間若坐若臥而行教化，故名「如來」也。

「須菩提，若有人言如來若來，若去，若坐，若臥，是人不解我所說義。何以故？如來者，無所從來，亦無所去，故名如來。」

【譯文】

佛說：「須菩提，如果有人說，如來也是有來、有去、有坐、有臥等相，這個人就是沒有透徹我所說的佛法義旨。為什麼呢？所謂如來，實在是無所來處，也無所去處，所以才稱之為如來。」

一合理相分第三十

本段以微塵、世界聚散，以明世界與微塵，是不一不異的，以顯法界平等之義。世尊的本意，是要人徹底了解世間所有，大而世界，小至微塵，莫非虛妄，當體即空，不必也不可執著貪戀。所有緣生之相，都只不過是假名而已。

世界可碎為微塵，微塵可和合而成一個世界。緣起為一的世界，能分分的分析為微塵；而緣起別異的微塵，能相互和集為一世界。能成的極微——分，是無性緣起的；所成的世界——有分，即全部，也是無自性的。因此如來所說的三千大千世界，也是無性緣起而沒有自性的，僅是假名的世界。依佛法而言，凡是因緣合散的，即不是實有，而是無常、無我、性空與非有的假有。如來雖也說世界的「一合相」——全體，那只是約緣起假名的和合似一，稱為「一合相」，而不是有「一合相」的實體——離部分或先於部分的全體可得。但雖然觀察到自相有的微塵不成立，也不能以為物質世界僅是自心的產物，這並不符合佛陀的緣起觀。佛說微塵，雖是緣起如幻，相依相緣的極微眾，但世俗諦中是有的，是可以說的。只是凡夫不了此義，以為世界是實有的，而貪著不捨，造種種業，流浪生死而不自覺。

「須菩提，若善男子、善女人，以三千大千世界碎為微塵，於意云何？是微塵眾寧為多不？」須菩提言：「甚多，世尊。何以故？若是微塵眾實有者，佛即不說是微塵眾。所以者何？佛說微塵眾即非微塵眾，是名微塵眾。世尊，如來所說三千大千世界，即非世界，是名世界。何以故？若世界實有者，即是一合相❶。如來說一合相，即非一合相，是名一合相。」

「須菩提，一合相者，即是不可說，但凡夫之人貪著其事。」

【譯文】

佛問：「須菩提，如果有善男子、善女人，把三千大千世界都搗碎成粉末微塵，你有什麼看法？這些微塵多不多呢？」

須菩提回答說：「非常多，世尊。為什麼呢？如果實際上這些微塵都是真實存在的，佛就不會說這微塵很多了。這是什麼緣故呢？佛陀所說的很多微塵，實際上並不是真說很多微塵，只是一個假名的微塵而已。世尊，如來所說的三千大千世界，並不是真實的世界，只是假名為世界而已。為什麼呢？如果世界是真實存在的，那只是一種聚合的形相。如來說一個聚合的形相，並不是一個真實的聚合的形相，只是假名為聚合的形相。」

佛說：「須菩提，所謂一個聚合的形相，妙不可言喻。可是一些凡夫俗子卻偏偏要貪戀執著有個真實的聚合的形相。」

【注釋】

❶一合相：指一個由眾多極微分子合成的有形物質。以佛教之觀點言之，世間的一切法，皆為一合相。世界也是由無數的微塵集合而成的，故也稱世界為一合相；人體是由四大五蘊合成，因此人身也是一合相。

知見不生分第三十一

此段總結全經之義，即示說如來教法的「空無我」特色。經典一開始，須菩提便請示：「云何應住？云何降伏其心？」至此結歸則曰「應如是知，如是見，如是信解」，即是首尾照應。又，前文說我等「四相」，這裡說「四見」，「相」和「見」是同是異？其實相者，法所現也；見者，心所取也。

凡夫不悟般若妙理，不能降伏妄念之心，所得知見，外不能離「六塵」、內不能斷緣影，知見愈多，就越墮於能知、所知之障中。因此無法明瞭無所知而又無所不知；無所見卻又無所不見的真諦。眾生因無明而不知一切法並不如此實性而有，沒有徹見法空性。由於無明而執我、執我所。佛說我見，不過隨眾生的倒想而假說，使人知我本無我，我見即本非我見而契悟無分別性，並非實有自我可見。人見、眾生見、壽者見亦是如此。

最後，佛陀結勸受行，毋入寶山空手歸，務當依此起修。在這知見或信解一切法時，都不應該執有諸法的自性相而起戲論分別。不但不生法相，連不生法相的非法相也不生，方是正知正見正信解者。一切法相無自性，不過隨俗施設假名為法相而已。

「須菩提，若人言佛說我見、人見、眾生見、壽者見，須菩提，於意云何？是人解我所說義不？」

「不也，世尊，是人不解如來所說義。何以故？世尊說我見、人見、眾生見、壽者見，即非我見、人見、眾生見、壽者見，是名我見、人見、眾生見、壽者見。」

「須菩提，發阿耨多羅三藐三菩提心者，於一切法，應如是知，如是見，如是信解，不生法相。須菩提，所言法相者，如來說即非法相，是名法相。」

【譯文】

佛問：「須菩提，如果有人說佛陀宣說自我相狀、他人相狀、眾生相狀和壽命相狀。須菩提，你有怎樣的看法呢？你認為這個人透徹了佛所說的佛法義旨嗎？」

須菩提回答：「沒有，世尊，這個人沒有透徹佛所說的佛法義旨。為什麼呢？佛說自我相狀、他人相狀、眾生相狀和壽命相狀，都不是真實存在的自我相狀、他人相狀、眾生相狀和壽命相狀，只是假名的自我相狀、他人相狀、眾生相狀和壽命相狀。」

佛說：「須菩提，發無上正等正覺菩提心的人，對於一切萬法，應當這樣去認知，應當這樣去見解，應當這樣去信仰理解，心中不生起任何的法相。須菩提，所謂的法相，如來說它並非是真實存在的法相，只是假名的法相。」

應化非真分第三十二

如來再次較德顯勝，結勸自受化他。這裡所說的七寶，要比之前所說還要多很多，但卻因為著相獲福，是有為有漏之福德，受享有時。惟無漏之出世福德，受享無窮。

大乘為利他的法門，所以尤需要將此般若大法，為他人演說，輾轉教化，才能弘廣正法，不違如來出世啟教的本願。此經開章也說度無邊眾生入無餘涅槃，且更為人演說，以行不住相之法施，令眾生聞而悟解入無餘涅槃。但是要如何演說？要不取於相而演說，雖依文字般若而說，不取名字相，言說相，心緣相；要能安住於一切法性空（如如的正見）中，能不為法相分別所傾動。能內心不違實相，外順機宜，依世俗諦假名宣說，而實無所說，才能如如不動而說法。

一切有為法，如夢然，夢時覺有，醒時則無也。如幻為幻事，幻現種種事物，而實無有種種事物也。如水中所起水泡然，陽光映照有如摩尼，心生貪著，而實非摩尼也。如陰影然，物在影在，物無影無，物既是空非有，影亦是假非真也。如霧露然，空中清淨，則霧湧騰，不久消滅，即非常有也。如電然，突現突滅，突此突彼，非常非遍也。此六者，喻一切法的無常無實。所以，是無常無實的，即因為一切法是緣起性空的。這六者的無常無實，空無自性，其實一切法在佛菩薩的聖見觀察中，也都無非是無常無實無自性的。我們執一切法為真常不空，也等於小兒的執夢為實等。

從經典結構說，全經的最後一段，從「佛說是經已」到「信受奉行」是經文的流通分，乃是結經之常儀。聞佛所說，明白菩薩發心修行的宗要與次第，感到佛法的稀有，因此皆大歡喜。歡喜，即信受佛說以及悟入深義的現象。能深刻信解，所以都能奉行佛說，自利利他，流通到將來。

「須菩提，若有人以滿無量阿僧祇世界七寶持用布施，若有善男子、善女人發菩提心者，持於此經乃至四句偈等，受持讀誦，為人演說，其福勝彼。云何為人演說？不取於相，如如不動❶？何以故？一切有為法，如夢幻泡影，如露亦如電，應作如是觀。」

佛說是經已，長老須菩提及諸比丘、比丘尼、優婆塞、優婆夷❷，一切世間天、人、阿修羅，聞佛所說，皆大歡喜，信受奉行❸。

【譯文】

佛說：「須菩提，如果有人以遍滿無數世界的七種珍寶進行布施，又如果有善男子、善女人發了殊勝的無上菩提心，受持這部經乃至只是其中的四句偈，加以信受奉行和諷誦受持，並廣為他人宣說，他所獲得的福報功德要遠遠超過那位以遍滿無數世界的七種珍寶進行布施的人。應當如何為他人宣說此經呢？那就應當不執著於一切相，安住於一切法性空而不為法相分別所傾動？為什麼呢？一切世間的有為諸法，皆如夢如幻、如泡如影、如露也如電，應作如是的觀照。」

佛已經圓滿宣說這部經，須菩提長老及在場的眾多比丘、比丘尼、優婆塞、優婆夷，一切世間的天、人、阿修羅等，聽聞了佛陀說法之後，無不法喜充滿，信受和切實奉行如來所說的法。

【注釋】

❶如如：又作「真如」、「如實」，是「五法」之一。指正智所契合的真理，即不變不異一切存在的本體。諸法雖各有差別，然此真如法性，乃是平等不二的，故稱之為「如」。此「真如」乃是萬有諸法之真實本體，萬法不離真如，因此，萬法彼此也是平等一如的，所以又叫作「如如」。

❷比丘、比丘尼：為出家受具足戒者之通稱。男曰比丘，女曰比丘尼。比丘又作「苾芻」、「備芻」、「比呼」等。據《大智度論》卷三記載，比丘有五種語義，即乞士（行乞食以清淨自活者）、破煩惱、出家人、淨持戒和怖魔。乃「五眾」之一，「七眾」之一。指出家得度，受具足

戒之男子。至於比丘尼又作「苾芻尼」、「備芻尼」、「比呼尼」等。意為乞士女、除女、薰女等。指出家得度受具足戒之女子。比丘原語是從「求乞」一詞而來，也可以被解釋為破煩惱者。優婆塞、優婆夷：此二詞原為印度各宗教所通用的名稱，原義為侍奉者、服事者，指侍奉或服事出家修行者。佛教取之以作為男性及女性在家佛教徒之專用語。優婆塞意譯為「近事男」、「近善男」、「信士」、「信男」、「清信士」等。即在家皈依佛法僧「三寶」、受持「五戒」、施行善法之男居士。優婆夷意譯為「清信女」、「近善女」、「近事女」、「近宿女」、「信女」等。即親近「三寶」、受持「五戒」、施行善法之女眾。比丘、比丘尼、優婆塞、優婆夷合稱佛的四眾弟子。若再加上式叉摩那、沙彌、沙彌尼則為佛之七眾弟子。

❸ 皆大歡喜，信受奉行：為佛經結束語中的習慣用語。表示大家聽了本經，感到佛法的稀有，都能法喜充滿，信受如來所說的法，並切實奉行如來所說的法。

心經

前言

《般若波羅蜜多心經》，簡稱「心經」，是一部幾乎家家都念誦，人人皆知的佛經。這同阿彌陀佛、觀世音菩薩兩句聖號一樣的普遍於人間。這部《心經》，從漢譯佛經流通方面觀之，可說是「風行天下」，並且持誦者亦多，普及程度非常的廣。雖然言簡文略，全文僅僅二百六十字，但含義卻極廣博而精深。它在一代聖教中的地位，算是一部很重要而負有聲望的經典；六百卷般若經當中，最簡括切要、提綱挈領者，當推《心經》了。

一、經題的含義

「般若波羅蜜多心經」，為經的總題，前七字是別題，只限用於本經，經字是通題，通於佛所說的一切經。譯為白話就是教人依照「般若」妙法修行，便可度脫煩惱的生死苦海，達到究竟安樂的涅槃彼岸（波羅蜜），而親證不生不滅之真「心」實相的一部「經」典。

「般若」是梵語，義為「智慧」。為何不直譯，而仍用梵語呢？世人往往以為聰明就是智慧，若翻譯則與彼混濫，而失卻「般若」二字的殊勝意義。為了表示這種智慧的殊勝性，所以沿用原音，而不直譯為智慧；此即五不翻中尊重不翻，及四例翻經的翻字不翻音❶。

般若與世間有漏智所成的有為法是有別的。般若是自性中本具的一種無漏智，完全由真心流露出來的，是離過絕非，是正常，是真實，是純淨無染，是唯正無邪，並且沒有窮盡的。人們能夠用它，非但能令自己斷惑證真，離苦得樂，且能普度眾生同超生死苦海，同登安樂彼岸。

般若有三種：第一種是文字般若。文字雖非般若，但語言文字能詮般若之理，[illegible]又能[illegible]稱之為般若。凡是佛所說的一切教法，或是佛弟子所說的一切言教，不論是[illegible]典，都稱為文字般若。第二種是觀照般若。所謂觀照般若即是觀察照見一切實相真理的智慧[illegible]無漏之慧。此慧能照見一切有為或無為法皆無相，都是空寂的，故稱觀照般若。第三種是實相般若。所謂實相般若，指真如之理，為般若之實性，乃眾生所本具，非寂非照，離一切虛妄之相。實相即諸

---

❶五種不翻是：⑴多含不翻（如佛之尊號）、⑵秘密不翻（如神咒）、⑶尊重不翻（如般若等）、⑷順古不翻（如阿耨多羅三藐三菩提等）、⑸此方無，不翻（如菴摩羅果等）。四例翻譯是：⑴翻字不翻音（般若二字及一切神咒等）、⑵翻音不翻字（卍字等）、⑶音字俱翻（完全譯成漢語之經典）、⑷音字俱不翻（非但音不翻，字也不翻）。

法如實相，不可以「有」、「無」等去敘述他，也不可以「彼此」、「大小」等去想像他，實相是離一切相，包括言語相、文字相、心緣相，而無可取著的。

「波羅蜜多」也是梵語，譯為「度」或「到彼岸」。通常指菩薩之修行而言，即菩薩通過自己修行，同時又度化他人的「事業」，由生死之此岸到達涅槃之彼岸，故稱「到彼岸」。因此般若波羅蜜即照了諸法實相，而窮盡一切智慧之邊際，度生死此岸至涅槃彼岸之菩薩大慧。眾生被三惑煩惱所迷，以致沉淪生死苦海，現在如果想求度脫的話，就不得不借仗般若去滅除煩惱，以了脫生死的痛苦，獲得究竟涅槃的安樂！所謂乘般若船渡過三重煩惱之流，頓超生死眾苦的此岸，直上涅槃安樂的彼岸。

至於「多」字，古譯只有「波羅蜜」，沒有「多」字，後來翻譯的人，竟加一「多」字。「多」字在梵文中是一種語尾詞，如文言中的「矣」字。也有人將「多」字解釋為「定」。因菩薩修行，必須定慧等持，不偏不倚。定心若生法愛，則必用慧照以策進之。慧心若生智愛，則必用定力以扶助之。

《心經》的「心」字，含有兩種意義：一是說因般若為諸佛之母，此經又是大般若經的心要，濃縮了六百卷大般若經的要義，不但展示了大般若經的中心思想，同時闡明般若真空的妙理，可以說是般若的核心，故稱心。二是指真心。此真心，是萬法之始，眾義之宗；亦是諸佛所證，眾生所迷。大般若經所詮的畢竟空，以及本經所說的諸法空相，亦皆是顯示此真心。眾生執著於真心，認為是真實的我，或是真實的法。《心經》的目的就是要讓我們捨妄趣真，向內尋求，令智慧的種子萌芽，進而讓智慧開花結果，覺悟無上正等正覺。

「經」字梵語是「修多羅」，譯名「契經」，簡稱為「經」。「契」就是契理、契機的意思，謂上契諸佛所證的真理，下契眾生之機宜。「經」字含有五種不同意義，即出生義、泉湧義、顯示義、繩墨義、鬘結義。此外，因為經典能夠將佛陀的一代時教，如線貫珠，令其不散失；又能攝持所應教度的眾生，令其不墮落；佛經所說的道理，是真常不變的，不因時間的遷流而轉變；佛法放諸四海皆準，不因地理環境的不同而不適應，因此經字還含有貫、攝、常、法等義。

簡而言之，如果我們因聞觀世音菩薩所宣說的「般若波羅蜜多」的法門，進而實踐之，必定能夠啟發般若正智，照見五蘊皆空，不生執著，而離四相，破我執；又能運用觀照般若，照見諸法空相，真空不空，以無所住的心，修諸波羅蜜，即可以遠離一切顛倒夢想，究竟涅槃，證得清淨真心，成就佛果無上菩提，故本經名為「般若波羅蜜多心經」。

二、《心經》的譯者

玄奘法師是唐朝時人，俗姓陳，名褘。因玄奘法師精通三藏，所以也被稱為三藏法師。

法師剛年滿十歲，慈父見背，成為孤兒。因此，便前往洛陽淨土寺，投靠其哥哥長捷法師。長捷法師不特學豐德長，且為當時負有盛名的人物；每設法會，弘經布教時，都能吸引不少人前來聞法。

法師因得聞佛理，並對佛法產生濃厚興趣，遂立志在淨土寺出家，改法號為玄奘。

玄奘法師自出家後，便專心研究佛學，直至年滿二十歲時，在成都受了具足戒後，才離開兄長，到處遊學。由於對當時宗派太多，傳授各異，且經典不完備，翻譯意義亦各異，深感困惑，便決心前往印度求學。於是他學習西域和印度各國的語言，積極地籌謀出國留學的計畫。最終於貞觀三年（六二九），偷度玉門關，冒禁孤征，踏上了西遊取法的艱辛路途。

一路頗多艱險，單騎匹馬向著四顧茫茫的沙漠邁進。翻過了峻嶺、翻越了雪山、渡過了險津，在糧食短缺，水草難覓的情況下，終於在貞觀五年（六三一）進入印度，開始遍歷印度諸國，廣學聖教。最後到那爛陀寺，從當時負有盛譽的佛學泰斗戒賢論師學習唯識，以及瑜伽師地論等大乘經典。玄奘法師曾多次代表那爛陀寺參加當時流行的宗教辯論大會，且均獲勝利。自此，聲望日隆，進升為那爛陀寺的副主講，成為全印度佛學界的名學者。

玄奘法師留學印度十餘載，可說名滿五印，當時五印盟主戒日王等，十八大國國王，皆奉為國師，禮遇之隆，供養之厚，尊敬之誠，已無以復加，並一致懇留，希望玄奘法師永不要回國。但玄奘法師不為所動，只念念不忘留學初衷，乃為完備中土佛教經典之使命，要將所學貢獻於祖國。於貞觀十九年（六四五）飲譽歸來，並帶回遊歷三十多國，巡禮佛跡，遍訪名師所獲得的梵本佛經六百五十七部。回來後，在唐太宗、唐高宗父子給予的種種獎勵和幫助下從事譯經事業，召集全國富有學問修養的高僧專事翻譯，共同展開史無前例的譯經偉業。

玄奘法師先後翻譯的佛經共七十五部，總計一千三百餘卷，著名的有《大般若經》、《解深密經》、《瑜伽師地論》等，本經是七十五部經中，文字最簡短，義理最精簡的一部。而六百卷大般若經，卻是他翻譯事業中最巨大的傑作。至於論著，玄奘法師也寫了《本成唯識論》、《大唐西域記》等。

玄奘法師是中國佛經翻譯界的權威者，強調嚴謹的翻譯態度，忠於原文，又清晰明白，在中國翻譯事業上，有空前的成就。他在六十八歲那一年，翻完《大般若波羅蜜多經》後，因積勞成疾而圓寂。玄奘法師一生在學問上力求真實，在宗教上悲憫眾生，無論任何險阻，都能夠不屈不撓，獻身護教。他的著作、學術思想與言論，不但在唐代放射出無比的光芒，而且一直照耀到現在，甚至未來。

三、《心經》的譯注

《般若波羅蜜多心經》一卷，全稱「摩訶般若波羅蜜多心經」，一般簡稱為「般若心經」或「心經」。最早的一本是現存的《摩訶般若波羅蜜大明咒》一經，相傳是後秦鳩摩羅什所譯，但是梁代《出三藏記集》卷四和隋朝《法經錄》卷四都將它列入失譯錄，所以很難說定此經就是鳩摩羅什所譯。

本書所選的是玄奘法師的譯本，為通行本，譯於貞觀二十三年（六四九），知仁筆受。除了玄奘法師的譯本及相傳為鳩摩羅什的譯本外，本經前後還有其他不同的譯本。其中包括：第一，唐罽賓國三藏般若、利言等譯出的《般若波羅蜜多心經》。第二，唐摩揭陀國三藏法月譯出的《普遍智藏般若波羅蜜多心經》。第三，唐三藏法成所譯的《般若波羅蜜多心經》。第四，唐三藏智慧輪翻譯的《般若波羅蜜多心經》。第五，宋西天三藏施護所譯出的《聖佛母般若波羅蜜多經》。第六，唐義淨完成的《佛說般若波羅蜜多心經》譯本。第七，敦煌發現的譯本《唐梵翻對字音般若波羅蜜多心經》。敦煌本將梵文以漢字音譯，由史坦因（Stein, Sir Mark Aurel, 1862-1943）發現於敦煌石窟，與玄奘本相當，為佛教學術之重要資料。

然諸譯本中，玄奘譯本、鳩摩羅什譯本、義淨法師譯本和敦煌本為「小本」，只有正文；其餘為「廣本」，有序、正、流通三分。現存此經的梵文，有在尼泊爾發現的廣本和日本保存的各種傳寫模刻的小本兩類。一八八四年，馬克斯・穆勒與南條文雄共同校訂廣、小兩類梵本，一八九四年，穆勒更再次將之英譯出版並編入《東方聖書》。此外，一八六四年，英國佛教學學者比爾（Samuel Beal）亦將玄奘所譯之《心經》譯成英文出版。

本經之注疏本極多，相傳有二百餘種，僅中國撰述者即有四十餘種。比較重要者有：唐新羅僧人圓測《般若波羅蜜多心經贊》一卷，慧淨《般若波羅蜜多心經疏》一卷（發現於敦煌），窺基《般若波羅蜜多心經幽贊》二卷，法藏《般若波羅蜜多心經略疏》一卷，明曠《般若波羅蜜多心經略疏》一卷，宋智圓《般若波羅蜜多心經疏》一卷等；印度方面有提婆《般若波羅蜜多心經注》一卷；日本則有空海《般若波羅蜜多心經秘鍵》二卷，最澄《般若波羅蜜多心經釋》一卷，真與《般若波羅蜜多心經略釋》一卷，宗純《般若波羅蜜多心經注》一卷等。

四、本經的綱要

心，其中的意義指心臟，有精要、心髓等意義。《心經》將內容龐大的般若經濃縮，說盡了《大品般若》六百卷的義理，成為表現「般若皆空」精神之簡潔經典。

《心經》的本文雖只有二百六十個字，但此中包含很多重要的佛教教理與修行方法，例如五蘊歸空就是一種悟入本心的方法。又如「色不異空」、「空不異色」與「色即是空，空即是色」，這三者分別與佛教的假、空及中觀有關。又此中所說的十二因緣及四聖諦都是佛教的重要教理。其中講到「空」是不生不滅、不垢不淨、不增不減更是佛教的名言。此外，《心經》中論及六塵、六根、十二處及十八界等佛學中常見的名詞。因此，二百多個字的《心經》，其中所含的義理非常深奧。

本經在組織上大致可分為以下幾個部分：㈠總綱分，此分總的攝持心經主要含義。經文從「觀自在菩薩」到「度一切苦厄」，是說菩薩修甚深觀照法門，照見諸法皆空，重點是在破除眾生的我執，我執一除，自然度一切苦厄，出生死苦海，證無上菩提。下面即是依此深入分析怎樣「度一切苦厄」。㈡色空分，此分說明五蘊諸法，與真如空性，無二無別。經文從「舍利子，色不異空」至「亦復如是」，是說一切諸法是非有非空的，此段是恐眾生聞「空」便起「斷滅見」，所以先闡述了空有之關係。㈢本體分，此分說明本來之體性，實無生滅、垢淨、增減等相，無相之相，即是本來的面目。經文從「舍利子，是諸法空相」到「不增不減」，在交代空有關係之後，便解釋什麼是空相。㈣妙用分，此分由體起用，空一切相。經文從「是故空中」至「無智亦無得」，旨在闡明依諸法空相廣破一切執見。㈤果德分，此分證果。通過以上所說的明體、起用、空相，而證明解脫之果德。經文從「故知般若波羅蜜多」到「得阿耨多羅三藐三菩提」，破除一切執見之後，則能證得無上菩提、涅槃的佛果。㈥證知分，此分說明由證果而明白了知。經文從「故知般若波羅蜜多」至「真實不虛」，是在讚歎般若之偉大，從而回歸全經主題，說明以般若觀照一切法空即能度一切苦厄，其道理是真實不虛的。㈦秘密分，此分是以密咒表達不可思議的心地。經文從「故說般若波羅蜜多咒」至「菩提薩婆訶」，規勸大眾普學般若，以度苦厄、證涅槃、成菩提。

從這裡不難發現，雖然《心經》只有短短的二百六十個字，但其文句簡約而卻能涵蓋般若甚深廣大之義，得其心要，因此歷代都將其視為《摩訶般若波羅蜜多經》的精粹。

觀自在菩薩❶，行深般若波羅蜜多時❷，照見五蘊皆空❸，度一切苦厄❹。

【譯文】

觀世音菩薩，修習深妙般若，功行到了極其深妙的時候，觀照徹見五蘊都是因緣和合的，並沒有自性，當體即空，除去了造業受苦的根源而無有煩惱，因而得以度脫一切煩惱生死之苦厄。

【注釋】

❶觀自在菩薩：先從字面上來解釋，「觀」字，非眼觀之觀，乃心觀之觀。即是以自心觀照身心世界之境，破除一切執著。「自在」，即一切都不再是掛礙，一切都已安然，對於萬事萬物產生隨緣的態度，對一切的外境外緣也就能隨意而自由自在。「菩薩」，即「菩提薩埵」之略稱，意思為求大覺之人、求道之大心人。即指以智慧上求無上菩提，以悲下化眾生，修諸波羅蜜行，於未來成就佛果之修行者。亦即自利利他二行圓滿、勇猛求成佛者。觀自在菩薩，合起來說，就是能觀照自心，不為世間或出世間的萬物所動，心中常能住寂，又能以智慧悲憫眾生，自己已經得到解脫無礙，並能使他人也得解脫無礙自在的覺有情。從菩薩名號來解釋，觀自在菩薩，又作「觀世音菩薩」。以慈悲救濟眾生為本願之菩薩，即聞眾生悲苦之音而進行予樂拔苦的救濟工作。觀世音菩薩與娑婆眾生特別有緣，隨類現身，尋聲救苦，這是菩薩歷劫度生的悲願，因此觀世音聖

號來得格外普遍，同時也可說是因為這位菩薩的悲心救苦，利生事業之深入人心的一種表徵。以菩薩有大智故，於一切事理悉皆通達無礙，所以稱「觀自在」；有大悲故，能夠隨類現身，尋聲救苦，所以稱「觀世音」。

❷ 般若波羅蜜多：又作「般若波羅蜜」、「般羅若波羅蜜」。意譯作「慧到彼岸」、「智度」、「明度」、「普智度無極」等。為「六波羅蜜」之一，「十波羅蜜」之一。「般若」譯為「智慧」，即明見一切事物及道理之高深智慧。「波羅蜜」譯為「度」或「到彼岸」，通常指菩薩之修行而言，即菩薩通過自行化他之事，由生死之此岸到達涅槃之彼岸，故稱「到彼岸」。因此般若波羅蜜即觀照諸法實相，而窮盡一切智慧之邊際，度生死此岸至涅槃彼岸之菩薩大慧。菩薩為達彼岸，必修六種行，即修「六波羅蜜」。其中之「般若波羅蜜」，被稱為「諸佛之母」，成為其他「五波羅蜜」之根據，而居於最重要之地位。

❸ 照見：照是觀照，見即徹見。即以般若智慧體察一切事物皆是因緣和合的。五蘊：又作「五陰」、「五眾」、「五聚」等。蘊是積集、類別的意思。佛教將包括個人身心與身心環境的一切物質與精神分成五種「聚集」，故稱為「五蘊」。五蘊就是色蘊、受蘊、想蘊、行蘊、識蘊。㈠色蘊：色就是一般所說肉體或物質，其語義即為物質或肉體的積集。㈡受蘊：受是領納義，即肉體對境之感受與精神之知覺等的感受作用。㈢想蘊：即對於已受境界，重加分別想像。亦即對外境而在心中想像事物種種相貌形狀之作用。㈣行蘊：行是遷流造作義，前滅後生，念念不停，所

以叫做行，即意志與心之作用。㈤識蘊：識是了別義，即了別和識知所緣所對的事物。這裡說五蘊皆空，意謂不論物質現象（相當於色）或精神現象（受、想、行、識）均屬因緣所生法，無固定不變之自性，唯有假名，而無實體。

❹苦厄：苦，是苦惱，能逼惱身心。厄，是災厄，即指禍患險難。這裡指若能照見五蘊都是空的，就能登至彼岸，自可度脫一切煩惱生死之苦厄。

舍利子❶，色不異空，空不異色；色即是空，空即是色❷；受、想、行、識，亦復如是。

【譯文】

舍利弗！世間存在的色本來就與空不是異質的，作為存在之底蘊的空也與任何物質形式沒有什麼不同。那麼，物質的本體就是空，空的現象就是物質。人的受、想、行、識也應該看作是這種「色」與「空」的統一。

【注釋】

❶ 舍利子：即舍利弗，是此經的當機者，又作「舍利弗多」、「舍利弗羅」、「舍利弗怛羅」、「舍利弗多羅」、「奢利富多羅」、「奢利弗多羅」、「奢唎補怛羅」、「設利弗呾羅」等。是佛陀十大弟子之一。其母為摩伽陀國王舍城婆羅門論師之女，出生時以眼似舍利鳥，所以命名為「舍利」；故舍利弗之名，即謂「舍利之子」。舍利弗自幼形貌端嚴，年少時修習諸技藝，通曉四吠陀。十六歲時即能挫伏他人之論議，諸族弟皆歸服於他。幼時，即與鄰村之目犍連結交，後因一次參加祇離渠呵山的大祭，見到群眾雜遝，油然心生無常之感，遂相約投六師外道中之刪闍耶毘羅胝子出家學道。僅七日七夜即會通其教旨，成為其門人二百五十人中之上首，然舍利弗猶深憾未能盡得解脫。其時，佛陀成道未久，住於王舍城竹林精舍，弟子馬勝比丘著衣持缽，入城中乞食。舍利弗見其威儀端正，行步穩重，遂問所師何人，所習何法。馬勝比丘乃以佛陀所說之因緣法示之，令舍利弗了知諸法無我之理。舍利弗旋即與目犍連各率弟子二百五十人同時到竹林精舍皈依佛陀。皈依佛陀後，常隨從佛陀，破斥外道，論究法義，代佛說法，主持僧事，領導僧團，多方翼贊佛化。在佛陀弟子之中，舍利弗與目犍連被稱為佛陀門下的「雙賢」，是佛陀弘法的左右手。而舍利弗復以聰明勝眾，被譽為佛弟子中「智慧第一」。舍利弗一生為僧伽長老崇敬，且屢為佛陀所讚美。後較佛陀早入滅，七日後荼毘，葬遺骨衣缽於祇園，須達多長者還為他建了一座塔。

❷「色不異空」四句：「色」即物質，「異」字除作各異的解釋外，還可作「離」字解。「空」指虛空、真空。「空」的意思並不是說沒有色就是空，或者說色滅為空，因為空並不是空無所有，不是虛無。緣起假象謂之「色」，緣生無性謂之「空」；所謂色雖分明顯現而無實體，故說「色不異空」；雖無實體，而分明顯現，故說「空不異色」。「空」與「色」本來就是不可分析為二的。色身借四大和合而成，自體就是空，一切色法皆借眾緣而生起，本無自性，莫不當體即空；四大若離散，則復歸空無，故說「色即是空」。人間之物質、身體本係空無實體，而由地、水、火、風四大和合而成，故稱「空即是色」。括要而說，因緣起而性空——「色不異空」，依性空而緣起——「空不異色」；緣起無自性當體即性空——「色即是空」，性空為緣起所依即是緣起之本體——「空即是色」。所謂五蘊皆空，意謂不論物質現象（相當於色）或精神現象（受、想、行、識）均屬因緣所生法，無固定不變之自性；若以其為實有自性，則是虛妄分別，故色之本質為空。也就是說五蘊與空是不異，而且相即。

舍利子，是諸法空相❶，不生不滅，不垢不淨，不增不減❷。

【譯文】

舍利弗！這些五蘊等一切諸法，是因緣和合的，當體即是空相，本來沒有所謂緣聚為生，和緣盡為滅；不因被惡的因緣所染而變為垢，亦不為善的因緣所熏習而成淨，也不是悟時為增，迷時為減的虛妄之相。

【注釋】

❶諸法空相：「諸法」又作「萬法」。現代語稱之為存在、一切現象等。此處指五蘊諸法，也包含之後的六根、六識、十二因緣、四諦等。「空相」指諸法皆空之相狀，或指真空之體相。因緣生之法，無有自性，即空之相狀。《大智度論》卷六云：「因緣生法，是名空相，亦名假名，亦說中道。」這裡意謂色、受、想、行、識五蘊等諸法，皆是緣起性空的一種現象，當體即是空相，所以說諸法空相。

❷「不生不滅」三句：這是在講一切事物的空的狀態，其狀態是什麼呢？即：不生、不滅、不垢、不淨、不增、不減。為什麼是不生、不滅、不垢、不淨、不增、不減？因為在空性中，是不存在生、滅、垢、淨、增、減的，一旦我們體證了這種空性，內心也就不存在生、滅、垢、淨、增、減等的分別，自然也就達到了一種沒有妄想執著的心境。世間一切事物與現象，實相理體真常不變，並不能特意使其生，也不能破壞而使其滅；亦不是以般若照見後才謂之生（本來不生），亦

非般若未照見前就沒有所謂的滅（本來不滅），所以說不生不滅。實相理體本來空寂，並非可以染之使其垢，治之使其淨；也不因被惡的因緣所染而變為垢，或為善的因緣所熏習而成淨，而本來無所謂淨或垢，所以說不垢不淨。實相理體本自圓滿，無法加之使其增，損之使其減，所以說不增不減。

是故，空中無色，無受、想、行、識；無眼、耳、鼻、舌、身、意❶；無色、聲、香、味、觸、法❷；無眼界，乃至無意識界；無無明，亦無無明盡，乃至無老死，亦無老死盡❸；無苦、集、滅、道❹，無智亦無得❺。

【譯文】

因此從根本上看，這個空之中並沒有物質之色，並沒有感受、想像、意志和意識；也沒有作為認知活動依據的眼耳鼻舌身意官能，也不存在那作為六種認識官能的對象的色、聲、香、味、觸、法，也沒有能見之眼根，乃至於沒有別塵境之意根；也沒有作為認知所得的六種意識。沒有無明，也沒有滅盡的無明，甚至於沒有老死，也沒有滅盡的老死。也即沒有知苦、斷集、修道、證滅的聖教實踐過程；沒有根本的般若智慧，也沒有憑藉此智慧所證的佛果或者所求的境界。

【注釋】

❶眼、耳、鼻、舌、身、意：即「六根」，又作「六情」。指六種感覺器官，或認識能力。根，為認識器官之意。眼根指視覺器官及其能力；耳根指聽覺器官及其能力；鼻根指嗅覺器官及其能力；舌根指味覺器官及其能力；身根指觸覺器官及其能力；意根指思維器官及其能力。前五種又稱「五根」。五根乃物質上存在之色法，即色根。意根則為心之所依生起心理作用之心法，即無色根。

❷色、聲、香、味、觸、法：即「六塵」，又作「六賊」。色塵即眼所見的一切對象，眼根對於色塵而生眼識。聲塵即耳所聞的一切對象，耳根對於聲境而生耳識。香塵即鼻所嗅的一切對象，鼻根對於香境而生鼻識。味塵即舌所嘗的一切對象，舌根對於味境而生舌識。觸塵即身所覺觸的一切對象，身根對於觸境而生身識。法塵即意所緣的一切對象，意根對於法境而生意識。塵即染污之義，謂能染污情識，而使真性不能顯發。眾生以「六識」緣「六塵」而遍污「六根」，此「六塵」在心之外，故稱「外塵」。此「六塵」猶如盜賊，能劫奪一切之善法，故稱「六賊」。「六根」與「六塵」的相互作用使眾生生出了種種虛妄分別心，造作種種業因，感受種種果報。

❸「無無明」四句：「無」作「空」字解（謂無明空，乃至老死空）。「盡」即滅盡的意思。「乃至」二字是超略詞，略去了「十二因緣」中間的行、識、名色、六入、觸、受、愛、取、有、生，只列了無明和老死。「十二因緣」包括：(1)無明，就是不明，乃一切煩惱的總稱。於緣起性

空無所明瞭，因而妄生一切執著，此謂「無明」。⑵行是造作義，指一切行為，即依無明所造的善惡業。⑶識就是業識，此識隨業受報，為過去業力所驅，挾持所造善惡種子而來投胎。⑷名色，名指心識，色指形體。由於一念愛染投入母體為名，成胎後為色。所謂心物和合而成胎，胎相初成叫做「名色」。⑸「六入」即「六根」。在母胎十個月的中間，由名色漸漸成長到六根完備，於出胎後對六塵境有互相涉入的作用，故名「六入」。⑹觸即接觸。根、塵和合而成觸。指出胎後六根與一切外境之接觸。⑺受即領受。根境相對於違順二種境界上，生起苦樂二種感覺謂之「受」，此即為對境所起的一種情緒。⑻愛即貪愛。對於五塵欲境，心生貪著，此即為對境所起的一種貪染心。⑼取即妄取，追取。遇喜歡之樂境則念念貪求，必盡心竭力以求得之而後已，遇所憎之苦境則念念厭離，必千方百計以圖捨之而後已，此即為愛染欲境的一種趨求。⑽有即業。即有因有果，由前際因（愛取），生後際果（生老死），業力牽引，因果不亡，遂演成三界輪迴的事實來。此為所作業力感報的一種規定。⑾生即受生。以現在所造之業為因，依因感果，必招來世受生，此即為未來受報的一種活動。⑿老死即老耄和死亡。諸根衰敗叫做老，身壞命終謂之死。有生就不能不死，四大和合的身軀自然從少至老，無常轉變必至於死，此即為未來受報的一種結果。無明與行二者為過去因，識、名色、六入、觸、受，此五者為現在果。愛、取、有三者為現在因，生、老死二者為未來果。前因今果，今因後果，如是輾轉依因再感果，果上再造因，因果不昧，前後相繼不斷，生死輪迴無盡。吾人如順著生死潮流，則無明緣行，乃至生緣老死，於是乎永受生死，這叫作「流轉門」。反之能逆了生死潮流，則無明滅，乃至老死滅，於是乎獲得解脫，就是「還滅門」。解脫是要有般若智慧，有了般若智慧，則自然不會愚癡（無明），也就不會有錯誤的行為（行），沒有行為上的不良作為，則自然沒有不好的潛能（種子）隨識流轉，乃至不會有五蘊、六根、觸、受、愛、取、有、生、老死等，這便是出世的解脫。而在空性中，是沒有實在的有情在生死中流轉，也沒有實在的有情在涅槃中解脫，所以說是「無無明，亦無無明盡，乃至無老死，亦無老死盡」。

❹苦、集、滅、道：即佛教所說的「四聖諦」。佛成道後，至鹿野苑為五賢者作第一次說法，是為佛轉法輪之初，故稱「初轉法輪」。此次說法的內容就是「四諦之教」。所以「四聖諦」是釋尊最初所說的法。諦，謂審實不虛之義，即指苦、集、滅、道四種正確無誤之真理。此四者皆真實不虛，故稱「四諦」、「四真諦」；又此四者為聖者所知見，故稱「四聖諦」。苦，即苦聖諦。指聖者如實審察三界有漏之苦果（有情及器世間）。對於凡夫而言，現實生活的一切現象（有漏法）可以說都是苦的。生、老、病、死之四苦，加上怨憎會、愛別離、求不得、五取蘊苦之四苦，即為八苦。集，即集聖諦，又作「習諦」、「苦習聖諦」、「苦集諦」等。集是集起，有原因及理由的意思，即指事物集起的原因。也就是關於世間眾生沉淪生死、遭受苦果的原因。苦之根源為渴愛，以渴愛之故，形成「來世」與「後有」。渴愛之核心乃由無明生起之虛妄我見，若有渴愛，便有生死輪迴。滅，即滅聖諦，又作「苦滅諦」、「苦盡諦」、「苦滅聖諦」、「愛滅

苦滅聖諦」等。滅，滅盡、息滅之義。指滅息苦之根本，即永斷無明、欲愛等一切煩惱，從相續不斷之苦中獲得解脫與自由，亦即涅槃境界。道，即道聖諦、趣苦滅道聖諦、苦滅道聖諦、苦出要諦等，是指滅除煩惱。達苦滅之境而依之修行的方法，分為八部分而成為神聖的「八正道」。所謂「八正道」，即正見、正思惟、正語、正業、正命、正精進、正念、正定。其中，苦與集表示迷妄世界之果與因，而滅與道表示證悟世界之果與因；即世間有漏之果為「苦諦」，世間有漏之因為「集諦」，出世無漏之果為「滅諦」，出世無漏之因為「道諦」。

❺無智亦無得：「智」即是「般若」，亦即是智慧、能知的妙智。「智」為能求的心；「得」為所證的佛果或者所求的境界。能空諸法之智與空智所得之法空，二者俱不可得，便是無智亦無得。這裡是說明菩薩之修（智）證（得），當要離相無住，即不著所修之行，也不取所證之果，一有所住即是執著，便成法縛。一再存有能觀之「智想」，與所得之「空想」，仍是一種法執，未契般若真空妙義，所以亦要空之。其實以般若觀照，並沒有修習的事，因此也就沒有什麼可以證得。所以不見有知的大智，也就沒有所證的果德，若是以有所得的心去求，就已經不是真空。

以無所得故，菩提薩埵❶，依般若波羅蜜多故，心無掛礙❷。無掛礙故，無有恐怖。遠離顛倒夢想❸，究竟涅槃❹。三世諸佛❺，依般若波羅蜜多故，得阿耨多羅三藐三菩提❻。

【譯文】

由於並不存所證之果，所以菩薩依止般若波羅蜜多的勝妙法門修行，而不再有牽掛滯礙。因為沒有牽掛滯礙，所以不再有恐怖畏懼。因而遠離了關於一切事物的顛倒和幻想，達到了究竟的涅槃。十方三世的所有佛世尊，也都是依止般若波羅蜜多的勝妙法門修行，而證得無上正等正覺圓滿佛果。

【注釋】

❶ 菩提薩埵：即菩薩，又作「菩提索多」、「菩提索埵」、「摩訶菩提質帝薩埵」等。意譯為「道眾生」、「大道心眾生」、「大覺有情」、「覺有情」等，又譯作「開士」、「始士」、「高士」、「大士」等。「菩提」有覺、智、道之意；「薩埵」有眾生、有情之意。菩薩有上求菩提（自利）、下化眾生（利他）兩種任務。因此菩提薩埵即指以智上求無上菩提，以悲下化眾生，修諸波羅蜜行，將來可成佛之大心眾生。亦即自利利他二行圓滿、勇猛求菩提者。菩薩所修之行，稱作「菩薩行」。

❷ 掛礙：「掛」即牽掛或被網罩的意思，比喻為無明煩惱蔽覆真心，如被羅網罩著不得自由；「礙」即妨礙或是阻滯的意思，比喻為眾生對事物的執著，阻礙正道，不得前進。意謂由於物欲等無明牽掛妨礙，所以不得自在的意思。

❸ 遠離顛倒夢想：指永遠脫離令人憂悲苦惱不已的顛倒與夢想，而得解脫。「顛倒」意謂眾生將因

緣和合的現象認為是真實的。「夢想」指在夢中之幻想，是一種虛妄不實的。一切夢境皆為幻現，而非實事，而夢中人錯認為真。凡夫無知，被無明所迷，於是產生顛倒執著，妄造惡業，進而繼續輪迴生死。眾生應以般若起觀照，讓自己從無明中解脫出來，讓實相得以顯現，如夢初醒，這就是遠離顛倒夢想的意思。

❹涅槃：又作「泥洹」、「泥曰」、「涅槃那」、「涅隸盤那」、「抳縛南」等。意譯作「滅」、「寂滅」、「滅度」、「寂」、「無生」等。在印度的原語應用上，是指火的熄滅或風的吹散，如燈火熄滅了稱為「燈焰涅槃」。印度其他宗教很早就採用此詞作為最高的理想境界，並非是佛教專有的名詞。這名詞一出現在佛教經典上，便給它以新的內容，到現在差不多變成佛教特有而莊嚴的名詞了。涅槃具有「滅」義，指的是消滅煩惱災患，這說明滅是以滅盡煩惱與苦為義；煩惱與苦消滅，就會出現寂靜、安穩、快樂的境界。玄奘法師譯涅槃為「圓寂」。具足一切福德智慧叫做「圓」；永離一切煩惱生死叫做「寂」。即福慧皆達到圓滿無缺（圓），三惑煩惱徹底清除，完全度脫生死（寂），永遠不再被煩惱生死所困擾，而獲得一種純善純美的莊嚴解脫。涅槃有兩種：一者有餘涅槃，二者無餘涅槃。前者諸根的身依還存在，飢時要吃，寒時要穿，四大不調時也會生病；由於煩惱之漏已盡，六根所反映的種種好醜境界，不會令其起執著愛憎之心，可是殘餘的身尚存在，故稱「有餘涅槃」。至於無餘涅槃與前者所區別的，是在壽命已盡，肉體消滅，現在的身受心受的牽引因已斷，對於未來更達到了灰身泯智的境界。

❺三世諸佛：「三世」指過去、現在、未來三者，此處含有「十方三世」的意思。三世諸佛即統稱全宇宙中所有的佛；統指出現於三世的一切佛。即過去、現在、未來等十方三世之眾多諸佛。所以又作「一切諸佛」、「十方佛」、「三世佛」。在佛教成立的當時，釋迦牟尼佛被稱為「現在佛」，在釋迦牟尼佛以前的一切佛被稱為「過去佛」，在釋迦牟尼佛以後成佛的被稱為「未來佛」。

❻阿耨多羅三藐三菩提：略稱「阿耨三菩提」、「阿耨菩提」等。「阿耨多羅」意譯為「無上」，指所悟之道為至高無上，「三藐三菩提」意譯為「正遍知」，表示所悟之道周遍而無所不包。因此「阿耨多羅三藐三菩提」可譯為「無上正等正覺」，乃佛陀所覺悟之智慧，是真正平等覺知一切真理的無上智慧。佛陀從一切邪見與迷執中解脫出來，圓滿成就無上智慧，周遍證知最究極之真理，而且平等開示一切眾生，令其到達最高的、清淨的涅槃。另外，又音譯為「阿耨多羅三藐三佛陀」，意謂成就阿耨多羅三藐三菩提之人，係為佛陀之尊稱。

故知般若波羅蜜多，是大神咒，是大明咒，是無上咒，是無等等咒❶，能除一切苦，真實不虛。

【譯文】

所以，確知般若波羅蜜多是一種大神力的咒，是一種具有大光明的咒，是一種至高無上的咒，是一種絕對無與倫比的咒，它能解除世間一切眾生的苦難，這是的的確確的事實。

【注釋】

❶「故知」五句：此一段讚譽般若的功能。「故知」二字，總結前面說的般若功用，引起後面所說的般若利益。就是說因般若波羅蜜多而能夠了脫生死苦惱，驅除煩惱魔障，所以「是大神咒，是大明咒，是無上咒，是無等等咒」。咒，原作「祝」，是向神明禱告，令怨敵遭受災禍，或欲祛除厄難、祈求利益時所誦念之密語。印度古吠陀中即有咒術。這裡指真言密咒，又稱「神咒」、「密咒」或「咒文」，意即不能以言語說明的特殊靈力之秘密語。咒也叫「總持」，音譯為「陀羅尼」，指能「總持」一切善法令其不失去，「總持」一切惡法令其不生起。咒是有力量的語言，能成就除惡生善的事實。咒有「善咒」、「惡咒」之別。如為人咒病或為防護己身者，即為「善咒」；咒詛他人令罹災害者即為「惡咒」。佛陀禁止習此等咒術以謀生，但允許為治病或護身而持咒。「大神咒」即是說般若智慧有大神力，神有妙力之義，能令受持者，驅除煩惱魔，解脫生死苦。「大明咒」是說般若智慧有大光明，無所遮蔽，如同日光照世。能照徹一切皆空，令受持者破除疑癡，照見無明虛妄。「無上咒」，是說般若智慧能令受持者，直趨無上涅槃，是出

世間無有一法能出其上，若依此修行，便能證得無上的佛果；「無等等咒」是說般若智慧能令受持者，成就無上菩提，是沒有什麼能與它相等同，般若法是佛的修行心要，是聖中之聖。修般若法，能無牽無掛，不但明心見性，還可以此證佛果，盡除一切眾生所受的苦厄災難。所以說，般若法門「真實不虛」。

故說般若波羅蜜多咒，即說咒曰：

揭諦，揭諦，波羅揭諦，波羅僧揭諦，菩提薩婆訶❶。

【譯文】

所以，在這裡宣說般若波羅蜜多的總持法門，也就是宣說如下的咒語：

揭諦，揭諦，波羅揭諦，波羅僧揭諦，菩提薩婆訶。

【注釋】

❶「揭諦」五句：此為梵文咒語。本經前面，從「觀自在菩薩」始，至「真實不虛」為顯說般若，此段咒語則為密說般若。「揭諦」有「去」或「度」之意，這也就是般若的甚深功能，能度眾生

去到彼岸；重複「揭諦」二字，無非是表示自度又能度他人的意思。「波羅」可譯為「彼岸」；「波羅揭諦」就是「度到彼岸去」的意思。至於「僧揭諦」的「僧」，是指「眾」、「總」或「普」等，那麼「波羅僧揭諦」的意思便是「普度眾人一起到彼岸去」。「菩提」則譯為「覺」、「智」、「知」、「道」，即無上佛果。「薩婆訶」有「速疾」之意，表示依此心咒，便能急速得成大覺，成就無上的菩提。由於咒語有其特殊意義，因此咒為「五不翻」中「秘密不翻」。

丁福保編纂，《佛學大辭典》（北京：文物出版社，二〇〇二）。
王月清，《金剛經》（南京：江蘇古籍出版社，二〇〇一）。
任繼愈主編，《佛教大辭典》（南京：江蘇古籍出版社，二〇〇三）。
印順法師，《般若經講記》（臺北：正聞出版社，一九九二）。
江味農，《金剛經講義》（安徽：黃山書社，二〇〇六）。
星雲大師，《金剛經講話》（臺北：佛光文化事業，一九九七）。
釋竺摩，《金剛經講話》（檳城：三慧講堂印經會，二〇〇三）。
星雲大師監修、慈怡主編，《佛光大辭典》（北京：北京圖書館出版社，二〇〇四）。
洪修平主編，《儒佛道哲學名著選編》（南京：南京大學出版社，二〇〇六）。
斌宗法師，《般若波羅蜜多心經要釋》（臺中：瑞成書局，一九七八）。
演培法師，《般若波羅蜜多心經講記／心經十二講》（臺北市：天華出版公司，一九八八）。
繼程法師，《心經的智慧》（檳城：佛教文摘社，二〇〇四）。

圓瑛大師，《般若心經講義》（臺北市：文殊文化公司，一九八九）。
藍吉富主編，《中華佛教百科全書》（臺南：中華佛教百科文獻基金會，一九九四）。

〔附錄〕

金剛經・心經

手抄本

抄經禮儀、步驟

一、整理桌上環境

二、洗淨雙手

三、端身正坐

四、收攝身、口、意

五、合掌誦念

南無本師釋迦牟尼佛（三稱）

〈開經偈〉

無上甚深微妙法

百千萬劫難遭遇

我今見聞得受持

願解如來真實義

六、靜心抄經

七、三皈依

自皈依佛，當願眾生，體解大道，發無上心。

自皈依法，當願眾生，深入經藏，智慧如海。

自皈依僧，當願眾生，統理大眾，一切無礙。

八、發心

諸佛正法賢聖三寶尊　從今直至菩提永皈依

我以所修施等諸資糧　為利有情故願大覺成

九、回向

願此殊勝功德　回向法界有情

淨除一切罪障　共成無上菩提

抄經的意義與功德

抄經，可以將心沉澱、身心安定、淨化心靈，同時也是一種修行。抄經與人結緣，不但是弘傳佛法，如果將抄經的功德回向給眾生，亦是最好的布施。

諸供養中，法供養為最。字字珠璣的文字般若，是增長智慧、淨化心靈的重要泉源。《金剛般若波羅蜜經》云：「若有善男子善女人，初日分以恆河沙等身布施，中日分復以恆河沙等身布施，後日分亦以恆河沙等身布施，如是無量百千萬億劫以身布施，若復有人，聞此經典，信心不逆，其福勝彼，何況書寫、受持、讀誦、為人解說。」

彌勒菩薩《辨中邊論》說：「於經典有十種行法：一、書寫，二、供養，三、施他，四、諦聽，五、披讀，六、受持，七、開演，八、諷誦，九、思惟，十、修習。」這十法行，能累積無量福德資糧。

其中第一項，正是「書寫經典」。

無著菩薩也說抄經有五種功德：

一、可以親近如來，二、可以攝取福德，三、亦是讚法亦是修行，四、可以受天人等的供養，五、可以滅罪。

所以，抄經是受持經典很好的方法之一。

金剛經

手抄本

南無本師釋迦牟尼佛
南無本師釋迦牟尼佛
南無本師釋迦牟尼佛

開經偈

無上甚深微妙法
百千萬劫難遭遇
我今見聞得受持
願解如來真實義

金剛般若波羅蜜經

姚秦三藏法師鳩摩羅什譯

法會因由分第一

如是我聞。一時佛在舍衛國。祇樹給孤獨園。與大比丘眾。千二百五十人俱。爾時世尊食時。著衣持鉢。入舍衛大城乞食。於其城中。次第乞已。還至本處。飯食訖。收衣鉢。洗足已。敷座而

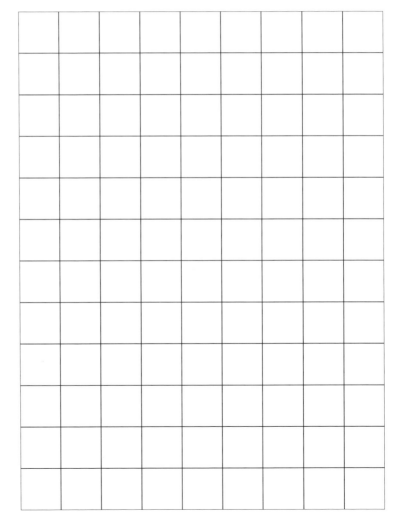

坐。

善現啟請分第二

時。長老須菩提。在大眾中。即從
座起。偏袒右肩。右膝著地。合掌
恭敬。而白佛言。希有世尊。如來
善護念諸菩薩。善付囑諸菩薩。
世尊。善男子善女人。發阿耨多
羅三藐三菩提心。云何應住。云

何降伏其心。佛言。善哉善哉。須
菩提。如汝所說。如來善護念諸
菩薩。善付囑諸菩薩。汝今諦聽。
當為汝說。善男子善女人。發阿
耨多羅三藐三菩提心。應如是
住。如是降伏其心。唯然。世尊。願
樂欲聞。

大乘正宗分第三

佛告須菩提。諸菩薩摩訶薩。應如是降伏其心。所有一切眾生之類。若卵生。若胎生。若濕生。若化生。若有色。若無色。若有想。若無想。若非有想非無想。我皆令入無餘涅槃而滅度之。如是滅度無量無數無邊眾生。實無眾生得滅度者。何以故。須菩提。若菩薩有我相。人相。眾生相。壽者相即非菩薩。

妙行無住分第四

復次須菩提。菩薩於法。應無所住。行於布施。所謂不住色布施。不住聲香味觸法布施。須菩提。菩薩應如是布施。不住於相。何以故。若菩薩不住相布施。其福德不可思量。須菩提。於意云何。

東方虛空。可思量不。不也。世尊。

須菩提。南西北方四維上下虛

空。可思量不。不也。世尊。須菩提。

菩薩無住相布施。福德亦復如

是。不可思量。須菩提。菩薩但應

如所教住。

如理實見分第五

須菩提。於意云何。可以身相見

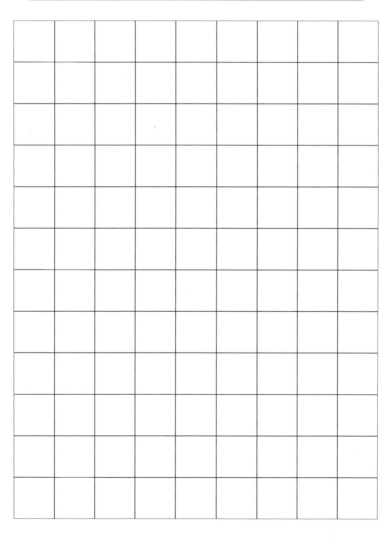

如來不。不也。世尊。不可以身相
得見如來。何以故。如來所說身
相。即非身相。佛告須菩提。凡所
有相。皆是虛妄。若見諸相非相。
即見如來。

正信希有分第六

須菩提白佛言。世尊。頗有眾生。
得聞如是言說章句。生實信不。

佛告須菩提。莫作是說。如來滅後。後五百歲有持戒修福者。於此章句。能生信心。以此為實。當知是人。不於一佛二佛三四五佛而種善根。已於無量千萬佛所。種諸善根。聞是章句。乃至一念生淨信者。須菩提。如來悉知悉見。是諸眾生。得如是無量福德。何以故。是諸眾生。無復我相。

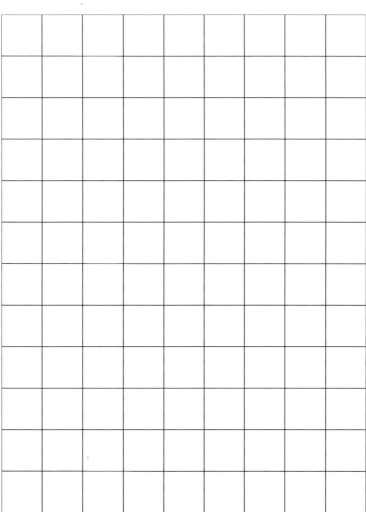

人相。眾生相。壽者相。無法相。亦無非法相。何以故。是諸眾生。若心取相。即為著我人眾生壽者。若取法相。即著我人眾生壽者。何以故。若取非法相。即著我人眾生壽者。是故不應取法。不應取非法。以是義故。如來常說。汝等比丘。知我說法。如筏喻者。法尚應捨。何況非法。

無得無說分第七

須菩提。於意云何。如來得阿耨多羅三藐三菩提耶。如來有所說法耶。須菩提言。如我解佛所說義。無有定法。名阿耨多羅三藐三菩提。亦無有定法。如來可說。何以故。如來所說法。皆不可取。不可說。非法。非非法。所以者何。一切賢聖。皆以無為法。而有差別。

依法出生分第八

須菩提。於意云何。若人滿三千大千世界七寶。以用布施。是人所得福德。寧為多不。須菩提言。甚多。世尊。何以故。是福德。即非福德性。是故如來說福德多。若復有人。於此經中受持。乃至四句偈等。為他人說。其福勝彼。何以故。須菩提。一切諸佛。及諸佛阿耨多羅三藐三菩提法。皆從此經出。須菩提。所謂佛法者。即非佛法。是名佛法。

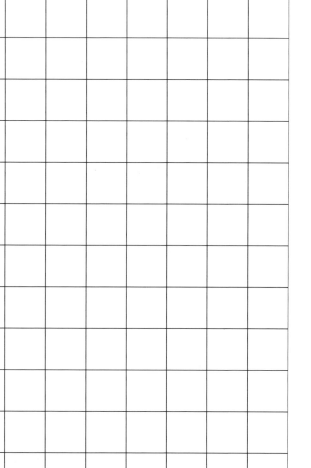

一相無相分第九

須菩提。於意云何。須陀洹能作是念。我得須陀洹果不。須菩提

言。不也。世尊。何以故。須陀洹名
為入流。而無所入。不入色聲香
味觸法。是名須陀洹。須菩提。於
意云何。斯陀含能作是念。我得
斯陀含果不。須菩提言。不也。世
尊。何以故。斯陀含名一往來。而
實無往來。是名斯陀含。須菩提。
於意云何。阿那含能作是念。我
得阿那含果不。須菩提言。不也。

世尊。何以故。阿那含名為不來。而實無不來。是故名阿那含。須菩提。於意云何。阿羅漢能作是念。我得阿羅漢道不。須菩提言。不也。世尊。何以故。實無有法。名阿羅漢。世尊。若阿羅漢作是念。我得阿羅漢道。即為著我人眾生壽者。世尊。佛說我得無諍三昧。人中最為第一。是第一離欲

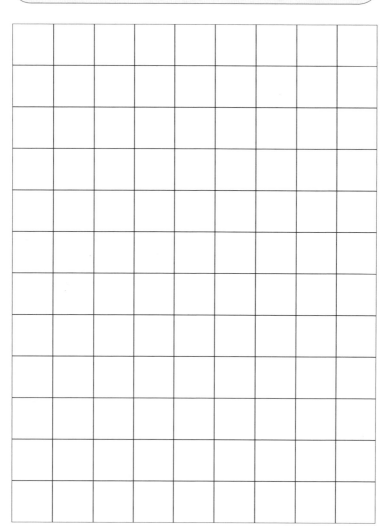

阿羅漢。世尊。我不作是念。我是
離欲阿羅漢。世尊。我若作是念。
我得阿羅漢道。世尊則不說須
菩提是樂阿蘭那行者。以須菩
提實無所行。而名須菩提。是樂
阿蘭那行。

莊嚴淨土分第十

佛告須菩提。於意云何。如來昔

在然燈佛所。於法有所得不。不
也。世尊。如來在燃燈佛所。於法
實無所得。須菩提。於意云何。菩
薩莊嚴佛土不。不也。世尊。何以
故。莊嚴佛土者。即非莊嚴。是名
莊嚴。是故須菩提。諸菩薩摩訶
薩。應如是生清淨心。不應住色
生心。不應住聲香味觸法生心。
應無所住。而生其心。須菩提。譬

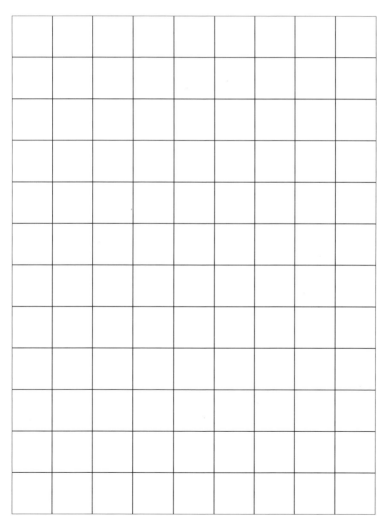

如有人。身如須彌山王。於意云何。是身為大不。須菩提言。甚大。世尊。何以故。佛說非身。是名大身。

無為福勝分第十一

須菩提。如恆河中所有沙數。如是沙等恆河。於意云何。是諸恆河沙。寧為多不。須菩提言。甚多。

世尊。但諸恆河尚多無數。何況
其沙。須菩提。我今實言告汝。若
有善男子善女人。以七寶滿爾
所恆河沙數三千大千世界。以
用布施。得福多不。須菩提言。甚
多。世尊。佛告須菩提。若善男子
善女人。於此經中。乃至受持四
句偈等。為他人說。而此福德。勝
前福德。

尊重正教分第十二

復次。須菩提。隨說是經。乃至四句偈等。當知此處。一切世間天人阿修羅。皆應供養。如佛塔廟。何況有人。盡能受持讀誦。須菩提。當知是人。成就最上第一希有之法。若是經典所在之處。即為有佛。若尊重弟子。

金剛經

如法受持分第十三

爾時須菩提白佛言。世尊。當何
名此經。我等云何奉持。佛告須
菩提。是經名為金剛般若波羅
蜜。以是名字。汝當奉持。所以者
何。須菩提。佛說般若波羅蜜。即
非般若波羅蜜。是名般若波羅
蜜。須菩提。於意云何。如來有所
說法不。須菩提白佛言。世尊。如

金剛經

來無所說。須菩提。於意云何。
三千大千世界所有微塵。是為
多不。須菩提言。甚多。世尊。須菩
提。諸微塵。如來說非微塵。是名
微塵。如來說世界。非世界。是名
世界。須菩提。於意云何。可以
三十二相見如來不。不也。世尊。
不可以三十二相得見如來。何
以故。如來說三十二相。即是非

相。是名三十二相。須菩提。若有

善男子善女人。以恆河沙等身

命布施。若復有人。於此經中。乃

至受持四句偈等。為他人說。其

福甚多。

離相寂滅分第十四

爾時須菩提。聞說是經。深解義

趣。涕淚悲泣。而白佛言。希有世

尊。佛說如是甚深經典。我從昔
來所得慧眼。未曾得聞如是之
經。世尊。若復有人。得聞是經。信
心清淨。即生實相。當知是人。成
就第一希有功德。世尊。是實相
者。則是非相。是故如來說名實
相。世尊。我今得聞如是經典。信
解受持。不足為難。若當來世。後
五百歲。其有眾生。得聞是經。信

解受持。是人即為第一希有。何以故。此人無我相。無人相。無眾生相。無壽者相。所以者何。我相即是非相。人相眾生相壽者相。即是非相。何以故。離一切諸相。則名諸佛。佛告須菩提。如是如是。若復有人。得聞是經。不驚不怖不畏。當知是人。甚為希有。何以故。須菩提。如來說第一波羅

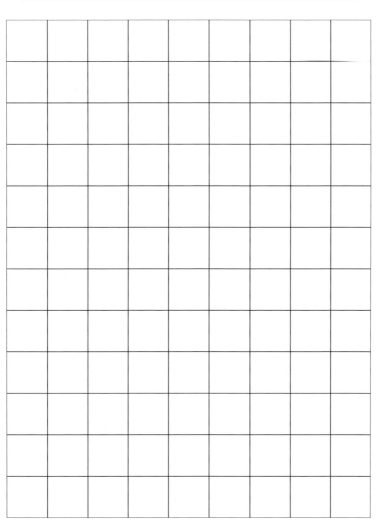

蜜。即非第一波羅蜜。是名第一
波羅蜜。須菩提。忍辱波羅蜜。如
來說非忍辱波羅蜜。是名忍辱
波羅蜜。何以故。須菩提。如我昔
為歌利王割截身體。我於爾時。
無我相。無人相。無眾生相。無壽
者相。何以故。我於往昔節節支
解時。若有我相。人相。眾生相。壽
者相。應生瞋恨。須菩提。又念過

去於五百世。作忍辱仙人。於爾
所世。無我相。無人相。無眾生相。
無壽者相。是故須菩提。菩薩應
離一切相。發阿耨多羅三藐三
菩提心。不應住色生心。不應住
聲香味觸法生心。應生無所住
心。若心有住。即為非住。是故佛
說菩薩心。不應住色布施。須菩
提。菩薩為利益一切眾生故。應

如是布施。如來說一切諸相。即是非相。又說一切眾生。即非眾生。須菩提。如來是真語者。實語者。如語者。不誑語者。不異語者。須菩提。如來所得法。此法無實無虛。須菩提。若菩薩心住於法而行布施。如人入闇。即無所見。若菩薩心不住法而行布施。如人有目。日光明照。見種種色。須菩提。當來之世。若有善男子善女人。能於此經受持讀誦。即為如來。以佛智慧。悉知是人。悉見是人。皆得成就無量無邊功德。

持經功德分第十五

須菩提。若有善男子善女人。初日分以恆河沙等身布施。中日分復以恆河沙等身布施。後日分亦以恆河沙等身布施。如是無量百千萬億劫。以身布施。若復有人。聞此經典信心不逆。其福勝彼。何況書寫受持讀誦。為人解說。須菩提。以要言之。是經有不可思議。不可稱量。無邊功德。如來為發大乘者說。為發最上乘者說。若有人能受持讀誦。廣為人說。如來悉知是人。悉見是人。皆得成就不可量不可稱。
無有邊。不可思議功德。如是人
等。即為荷擔如來阿耨多羅三
藐三菩提。何以故。須菩提。若樂
小法者。著我見人見眾生見壽
者見。即於此經。不能聽受讀誦。
為人解說。須菩提。在在處處。若
有此經。一切世間天人阿修羅。
所應供養。當知此處。則為是塔。

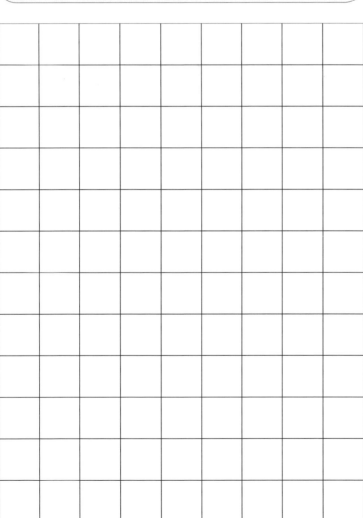

皆應恭敬。作禮圍繞。以諸華香
而散其處。

能淨業障分第十六

復次。須菩提。善男子善女人。受
持讀誦此經。若為人輕賤。是人
先世罪業。應墮惡道。以今世人
輕賤故。先世罪業。即為消滅。當
得阿耨多羅三藐三菩提。須菩

提。我念過去無量阿僧祇劫。於燃燈佛前。得值八百四千萬億那由他諸佛。悉皆供養承事。無空過者。若復有人。於後末世。能受持讀誦此經。所得功德。於我所供養諸佛功德。百分不及一。千萬億分。乃至算數譬喻所不能及。須菩提。若善男子善女人。於後末世。有受持讀誦此經。

金剛經

所得功德。我若具說者。或有人

聞。心則狂亂。狐疑不信。須菩提。

當知是經義。不可思議。果報亦

不可思議。

究竟無我分第十七

爾時須菩提白佛言。世尊。善男

子善女人。發阿耨多羅三藐三

菩提心。云何應住。云何降伏其

金剛經

心。佛告須菩提。善男子善女人。發阿耨多羅三藐三菩提心者。當生如是心。我應滅度一切眾生。滅度一切眾生已。而無有一眾生實滅度者。何以故。須菩提。若菩薩有我相人相眾生相壽者相。即非菩薩。所以者何。須菩提。實無有法。發阿耨多羅三藐三菩提心者。須菩提。於意云何。

如來於燃燈佛所。有法得阿耨多羅三藐三菩提不。不也。世尊。如我解佛所說義。佛於燃燈佛所。無有法得阿耨多羅三藐三菩提。佛言。如是如是。須菩提。實無有法。如來得阿耨多羅三藐三菩提。須菩提。若有法。如來得阿耨多羅三藐三菩提者。燃燈佛即不與我授記。汝於來世。當得作佛。號釋迦牟尼。以實無有法。得阿耨多羅三藐三菩提。是故燃燈佛與我授記。作是言。汝於來世當得作佛。號釋迦牟尼。何以故。如來者。即諸法如義。若有人言。如來得阿耨多羅三藐三菩提。須菩提。實無有法。佛得阿耨多羅三藐三菩提。須菩提。如來所得阿耨多羅三藐三菩提。於是中無實無虛。是故如來說一切法。皆是佛法。須菩提。所言一切法者。即非一切法。是故名一切法。須菩提。譬如人身長大。須菩提言。世尊。如來說人身長大。即為非大身。是名大身。須菩提。菩薩亦如是。若作是言。我當滅度無量眾生。即不名菩薩。何以故。須菩提。實無有法。名為菩薩。是故佛說一切法。無我無人無眾生無壽者。須菩提。若菩薩作是言。我當莊嚴佛土。是不名菩薩。何以故。如來說莊嚴佛土者。即非莊嚴。是名莊嚴。須菩提。若菩薩通達無我法者。如來說名真是菩薩。

一體同觀分第十八

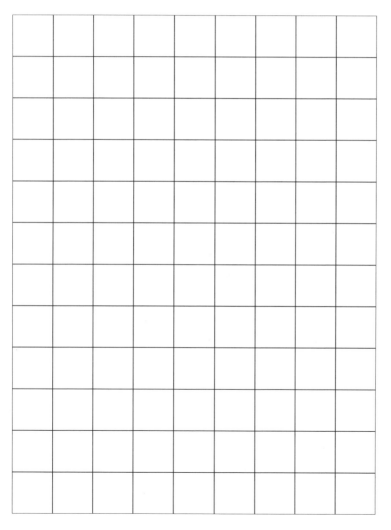

須菩提。於意云何。如來有肉眼
不。如是。世尊。如來有肉眼。須菩
提。於意云何。如來有天眼不。如
是。世尊。如來有天眼。須菩提。於
意云何。如來有慧眼不。如是。世
尊。如來有慧眼。須菩提。於意云
何。如來有法眼不。如是。世尊。如
來有法眼。須菩提。於意云何。如
來有佛眼不。如是。世尊。如來有

佛眼。須菩提。於意云何。如恆河中所有沙。佛說是沙不。如是。世尊。如來說是沙。須菩提。於意云何。如一恆河中所有沙。有如是沙等恆河。是諸恆河所有沙數。佛世界如是。寧為多不。甚多。世尊。佛告須菩提。爾所國土中。所有眾生。若干種心。如來悉知。何以故。如來說諸心。皆為非心。是名為心。所以者何。須菩提。過去心不可得。現在心不可得。未來心不可得。

法界通化分第十九

須菩提。於意云何。若有人滿三千大千世界七寶。以用布施。是人以是因緣。得福多不。如是。世尊。此人以是因緣。得福甚多。

須菩提。若福德有實。如來不說
得福德多。以福德無故。如來說
得福德多。

離色離相分第二十

須菩提。於意云何。佛可以具足
色身見不。不也。世尊。如來不應
以具足色身見。何以故。如來說
具足色身。即非具足色身。是名

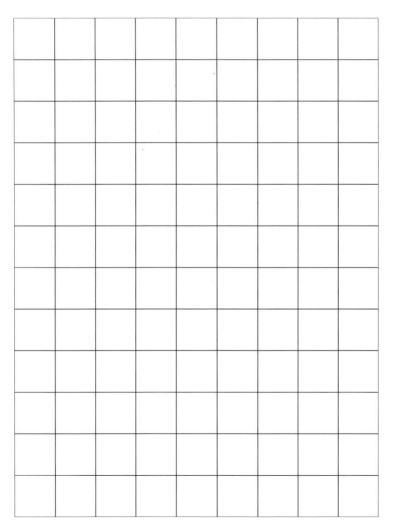

具足色身。須菩提。於意云何。如來可以具足諸相見不。不也。世尊。如來不應以具足諸相見。何以故。如來說諸相具足。即非具足。是名諸相具足。

非說所說分第二十一

須菩提。汝勿謂如來作是念。我當有所說法。莫作是念。何以故。

若人言如來有所說法。即為謗佛。不能解我所說故。須菩提。說法者。無法可說。是名說法。爾時慧命須菩提白佛言。世尊。頗有眾生。於未來世。聞說是法。生信心不。佛言。須菩提。彼非眾生。非不眾生。何以故。須菩提。眾生眾生者。如來說非眾生。是名眾生。

無法可得分第二十二

須菩提白佛言。世尊。佛得阿耨多羅三藐三菩提。為無所得耶。佛言。如是如是。須菩提。我於阿耨多羅三藐三菩提。乃至無有少法可得。是名阿耨多羅三藐三菩提。

淨心行善分第二十三

復次。須菩提。是法平等。無有高下。是名阿耨多羅三藐三菩提。以無我無人無眾生無壽者。修一切善法。即得阿耨多羅三藐三菩提。須菩提。所言善法者。如來說即非善法。是名善法。

福智無比分第二十四

須菩提。若三千大千世界中。所

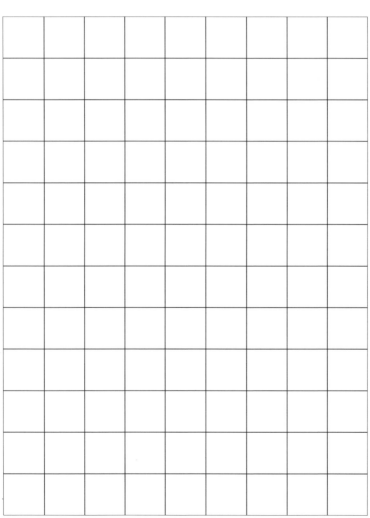

有諸須彌山王。如是等七寶聚。
有人持用布施。若人以此般若
波羅蜜經。乃至四句偈等。受持
讀誦。為他人說。於前福德。百分
不及一。百千萬億分。乃至算數
譬喻所不能及。

化無所化分第二十五

須菩提。於意云何。汝等勿謂如

金剛經

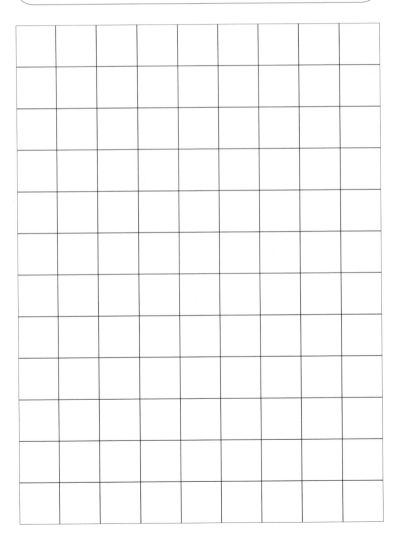

來作是念。我當度眾生。須菩提。莫作是念。何以故。實無有眾生如來度者。若有眾生如來度者。如來即有我人眾生壽者。須菩提。如來說有我者。即非有我。而凡夫之人。以為有我。須菩提。凡夫者。如來說即非凡夫。是名凡夫。

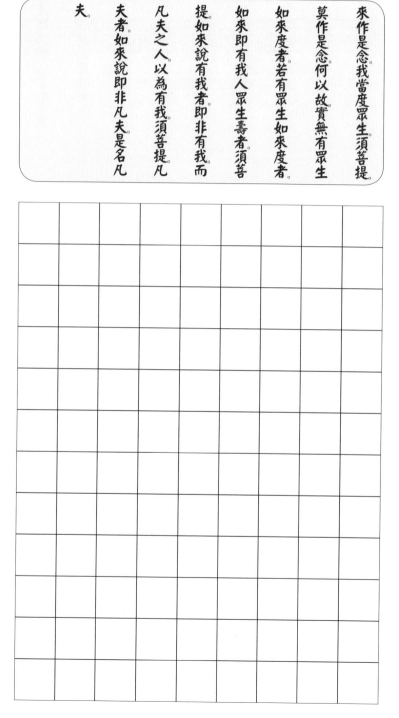

法身非相分第二十六

須菩提。於意云何。可以三十二相觀如來不。須菩提言。如是如是。以三十二相觀如來。佛言。須菩提。若以三十二相觀如來者。轉輪聖王即是如來。須菩提白佛言。世尊。如我解佛所說義。不應以三十二相觀如來。爾時世尊而說偈言。若以色見我。以音聲求我。是人行邪道。不能見如來。

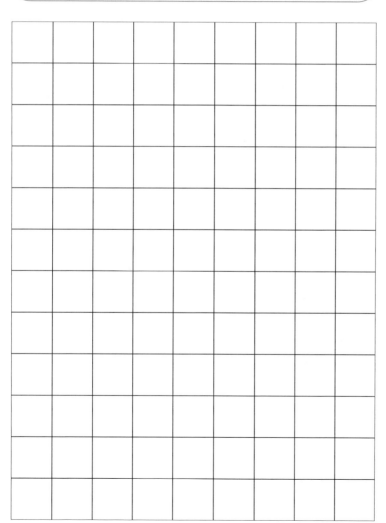

無斷無滅分第二十七

須菩提。汝若作是念。如來不以具足相故。得阿耨多羅三藐三菩提。須菩提。莫作是念。如來不以具足相故。得阿耨多羅三藐三菩提。須菩提。汝若作是念。發

阿耨多羅三藐三菩提心者。說
諸法斷滅。莫作是念。何以故。發
阿耨多羅三藐三菩提心者。於
法不說斷滅相。

不受不貪分第二十八

須菩提。若菩薩以滿恆河沙等
世界七寶。持用布施。若復有人。
知一切法無我。得成於忍。此菩

薩勝前菩薩所得功德。何以故。須菩提。以諸菩薩不受福德故。須菩提白佛言。世尊。云何菩薩不受福德。須菩提。菩薩所作福德。不應貪著。是故說不受福德。

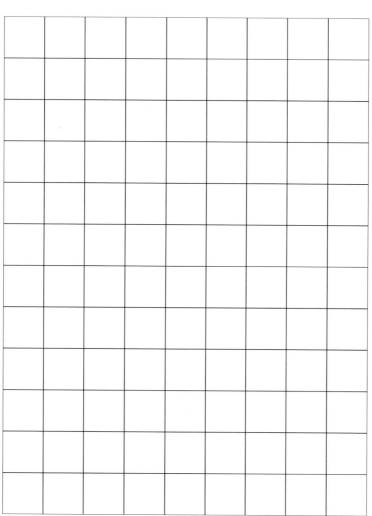

威儀寂淨分第二十九

須菩提。若有人言。如來若來若去。若坐若臥。是人不解我所說義。何以故。如來者。無所從來。亦無所去。故名如來。

一合理相分第三十

須菩提。若善男子善女人。以三千大千世界。碎為微塵。於意云何。是微塵眾。寧為多不。須菩提言。甚多。世尊。何以故。若是微塵眾實有者。佛即不說是微塵

眾。所以者何。佛說微塵眾。即非
微塵眾。是名微塵眾。世尊。如來
所說三千大千世界。即非世界。
是名世界。何以故。若世界實有
者。即是一合相。如來說一合相。
即非一合相。是名一合相。須菩
提。一合相者。即是不可說。但凡
夫之人。貪著其事。

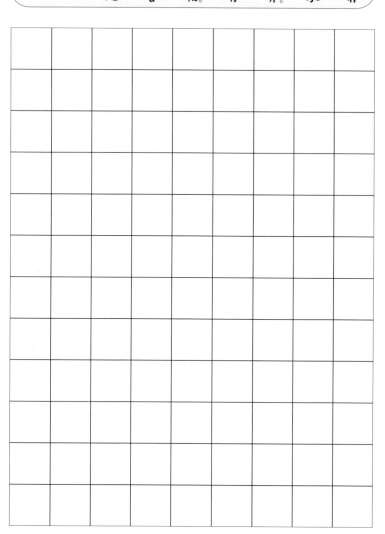

知見不生分第三十一

須菩提。若人言佛說我見人見眾生見壽者見。須菩提。於意云何。是人解我所說義不。不也。世尊。是人不解如來所說義。何以故。世尊說我見人見眾生見壽者見。即非我見人見眾生見壽者見。是名我見人見眾生見壽者見。須菩提。發阿耨多羅三藐三菩提心者。於一切法。應如是知。如是見。如是信解。不生法相。須菩提。所言法相者。如來說即非法相。是名法相。

應化非真分第三十二

須菩提。若有人以滿無量阿僧祇世界七寶。持用布施。若有善男子善女人。發菩提心者。持於此經。乃至四句偈等。受持讀誦。為人演說。其福勝彼。云何為人演說。不取於相。如如不動。何以故。一切有為法。如夢幻泡影。如露亦如電。應作如是觀。佛說是經已。長老須菩提。及諸比丘。比丘尼。優婆塞。優婆夷。一切世間。天人阿修羅。聞佛所說。皆大歡喜。信受奉行。

心經

手抄本

心經

南無本師釋迦牟尼佛
南無本師釋迦牟尼佛
南無本師釋迦牟尼佛

開經偈

無上甚深微妙法
百千萬劫難遭遇
我今見聞得受持
願解如來真實義

般若波羅蜜多心經

唐三藏法師玄奘譯

觀自在菩薩。行深般若波羅蜜
多時。照見五蘊皆空。度一切苦
厄。舍利子。色不異空。空不異色。
色即是空。空即是色。受想行識。
亦復如是。舍利子。是諸法空相。
不生不滅。不垢不淨。不增不減。
是故空中無色。無受想行識。無

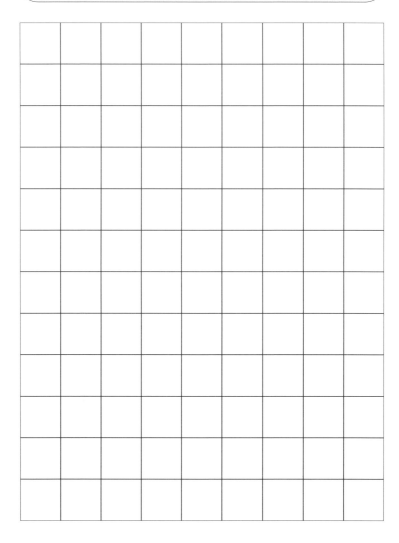

眼。耳。鼻。舌。身。意。無色。聲。香。味。觸。
法。無眼界。乃至無意識界。無無
明。亦無無明盡。乃至無老死。亦
無老死盡。無苦。集。滅。道。無智亦
無得。以無所得故。菩提薩埵。依
般若波羅蜜多故。心無罣礙。無
罣礙故。無有恐怖。遠離顛倒夢
想。究竟涅槃。三世諸佛。依般若
波羅蜜多故。得阿耨多羅三藐

三菩提。故知般若波羅蜜多。是大神咒。是大明咒。是無上咒。是無等等咒。能除一切苦。真實不虛。故說般若波羅蜜多咒。即說咒曰。揭諦。揭諦。波羅揭諦。波羅僧揭諦。菩提薩婆訶。

心經

般若波羅蜜多心經

唐三藏法師玄奘譯

觀自在菩薩。行深般若波羅蜜
多時。照見五蘊皆空。度一切苦
厄。舍利子。色不異空。空不異色。
色即是空。空即是色。受想行識。
亦復如是。舍利子。是諸法空相。
不生不滅。不垢不淨。不增不減。
是故空中無色。無受想行識。無

眼。耳。鼻。舌。身。意。無色。聲。香。味。觸。
法。無眼界。乃至無意識界。無無
明。亦無無明盡。乃至無老死。亦
無老死盡。無苦。集。滅。道。無智亦
無得。以無所得故。菩提薩埵。依
般若波羅蜜多故。心無罣礙。無
罣礙故。無有恐怖。遠離顛倒夢
想。究竟涅槃。三世諸佛。依般若
波羅蜜多故。得阿耨多羅三藐

三菩提。故知般若波羅蜜多。是大神咒。是大明咒。是無上咒。是無等等咒。能除一切苦。真實不虛。故說般若波羅蜜多咒。即說咒曰。揭諦。揭諦。波羅揭諦。波羅僧揭諦。菩提薩婆訶。

般若波羅蜜多心經

唐三藏法師玄奘譯

觀自在菩薩。行深般若波羅蜜多時。照見五蘊皆空。度一切苦厄。舍利子。色不異空。空不異色。色即是空。空即是色。受想行識。亦復如是。舍利子。是諸法空相。不生不滅。不垢不淨。不增不減。是故空中無色。無受想行識。無

心經

眼。耳。鼻。舌。身。意。無色。聲。香。味。觸。
法。無眼界。乃至無意識界。無無
明。亦無無明盡。乃至無老死。亦
無老死盡。無苦。集。滅。道。無智亦
無得。以無所得故。菩提薩埵依
般若波羅蜜多故。心無罣礙。無
罣礙故。無有恐怖。遠離顛倒夢
想。究竟涅槃。三世諸佛。依般若
波羅蜜多故。得阿耨多羅三藐

三菩提。故知般若波羅蜜多。是大神咒。是大明咒。是無上咒。是無等等咒。能除一切苦。真實不虛。故說般若波羅蜜多咒。即說咒曰。揭諦。揭諦。波羅揭諦。波羅僧揭諦。菩提薩婆訶。

般若波羅蜜多心經

唐三藏法師玄奘譯

觀自在菩薩。行深般若波羅蜜多時。照見五蘊皆空。度一切苦厄。舍利子。色不異空。空不異色。色即是空。空即是色。受想行識。亦復如是。舍利子。是諸法空相。不生不滅。不垢不淨。不增不減。是故空中無色。無受想行識。無

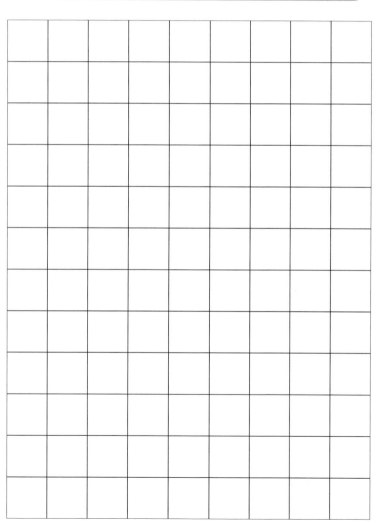

眼。耳。鼻。舌。身。意。無色。聲。香。味。觸。
法。無眼界。乃至無意識界。無無
明。亦無無明盡。乃至無老死。亦
無老死盡。無苦。集。滅。道。無智亦
無得。以無所得故。菩提薩埵。依
般若波羅蜜多故。心無罣礙。無
罣礙故。無有恐怖。遠離顛倒夢
想。究竟涅槃。三世諸佛。依般若
波羅蜜多故。得阿耨多羅三藐

心經

三菩提。故知般若波羅蜜多。是大神咒。是大明咒。是無上咒。是無等等咒。能除一切苦。真實不虛。故說般若波羅蜜多咒。即說咒曰。揭諦。揭諦。波羅揭諦。波羅僧揭諦。菩提薩婆訶。

心經

般若波羅蜜多心經

唐三藏法師玄奘譯

觀自在菩薩。行深般若波羅蜜
多時。照見五蘊皆空。度一切苦
厄。舍利子。色不異空。空不異色。
色即是空。空即是色。受。想。行。識。
亦復如是。舍利子。是諸法空相。
不生不滅。不垢不淨。不增不減。
是故空中無色。無受。想。行。識。無

眼。耳。鼻。舌。身。意。無色。聲。香。味。觸。
法。無眼界。乃至無意識界。無無
明。亦無無明盡。乃至無老死。亦
無老死盡。無苦。集。滅。道。無智亦
無得。以無所得故。菩提薩埵。依
般若波羅蜜多故。心無罣礙。無
罣礙故。無有恐怖。遠離顛倒夢
想。究竟涅槃。三世諸佛。依般若
波羅蜜多故。得阿耨多羅三藐

三菩提。故知般若波羅蜜多。是大神咒。是大明咒。是無上咒。是無等等咒。能除一切苦。真實不虛。故說般若波羅蜜多咒。即說咒曰。揭諦揭諦。波羅揭諦。波羅僧揭諦。菩提薩婆訶。

心經

白話佛經

金剛經・心經【精裝版附手抄】

2020年1月二版　　定價：新臺幣380元
2020年10月二版二刷

主編	賴永海
譯注者	陳秋平
叢書主編	簡美玉
	吳英哲
校對	吳美滿
內文排版	翁國鈞
	文聯印刷
封面設計	陳文德
	文聯印刷

出版者	聯經出版事業股份有限公司
地址	新北市汐止區大同路一段369號1樓
叢書編輯電話	(02)86925588轉5311
台北聯經書房	台北市新生南路三段94號
電話	(02)23620308
台中分公司	台中市北區崇德路一段198號
暨門市電話	(04)22312023
台中電子信箱	e-mail：linking2@ms42.hinet.net
郵政劃撥帳戶第	0100559-3號
郵撥電話	(02)23620308
印刷者	文聯彩色製版印刷有限公司
總經銷	聯合發行股份有限公司
發行所	新北市新店區寶橋路235巷6弄6號2樓
電話	(02)29178022

副總編輯	陳逸華
總編輯	涂豐恩
總經理	陳芝宇
社長	羅國俊
發行人	林載爵

行政院新聞局出版事業登記證局版臺業字第0130號

本書如有缺頁，破損，倒裝請寄回台北聯經書房更換。　ISBN 978-957-08-5424-4 (精裝)
電子信箱：linking@udngroup.com

本書中文繁體字版前書168頁由中華書局（北京）授權出版

國家圖書館出版品預行編目資料

金剛經・心經【精裝版附手抄】/賴永海主編．陳秋平譯注．
二版．新北市．聯經．2020年1月．256面．14.8×21公分
（白話佛經）
ISBN 978-957-08-5424-4（精裝）
[2020年10月二版二刷]

1.般若部

221.44 108019271